四季に対応したAFVモデルの塗装法

ホセ・ルイスの
ウェザリングテクニック

WEATHERING OF THE SEASONS

《模型製作・解説》
ホセ=ルイス・ロペス=ルイス

HobbyJAPAN

CONTENTS

4 **第1章：新技法"C&W＝コンプレメンタリー&ホワイト"**

5 Part 1："C&W"テクニックを用いて塗装する
　　　1943年　クルスク戦のパンターD型

16 Part 2："C&W"と"B&W"両テクニックを併用する
　　　1991年　湾岸戦争のAMX-30B2

四季に対応したAFVモデルの塗装法

ホセ・ルイスのウェザリングテクニック
WEATHERING OF THE SEASONS

《模型製作・解説》
ホセ＝ルイス・ロペス＝ルイス

27　第2章：四季に応じた塗装＆ウェザリング
"ウェザリング・オブ・ザ・シーズン"

30　**Part 1：SPRING 春〔製作1〕**
　　1918年3月末　ルーデンドルフ攻勢のマークIV菱形戦車

43　**Part 1：SPRING 春（初夏）〔製作2〕**
　　1944年6月上旬　ノルマンディー戦のドイツ軍

60　**Part 2：SUMMER 夏〔製作1〕**
　　1944年6月下旬　バグラチオン作戦のOT-34火焔放射戦車

68　**Part 2：SUMMER 夏〔製作2〕**
　　北アフリカ戦線のIV号戦車D型

78　**Part 3：AUTUMN 秋〔製作1〕**
　　1944年秋　東部戦線のティーガーI

93　**Part 3：AUTUMN 秋〔製作2〕**
　　朝鮮戦争晩秋のM36駆逐戦車

105　**Part 2：WINTER 冬〔製作1〕**
　　冷戦時代　アメリカ軍最後の重戦車M103

116　**Part 2：WINTER 冬〔製作2〕**
　　1944年2月　東部戦線のナースホルン

第 1 章

新技法

"C&W＝コンプレメンタリー＆ホワイト"

　AFV模型では、"カラーモジュレーション"や"ゼニタル・エフェクト"（上部の明度を高く、下部の明度を低くし、陰影をより強調させるハイライト塗装テクニック）などの塗装テクニックが多用されています。しかし、そうしたテクニックは、暗色から明色へいかにうまくグラデーションを付けていくかという難しさや、製作する模型車両の色（例えば、ドイツ戦車ならジャーマングレー、ダークイエロー、アメリカ戦車ならオリーブドラブ、ソ連戦車ならロシアングリーンなど）に対応する塗料を使用しなければならないという煩わしさ（複数の塗料を用意し、当然費用もかかる）があります。

　そこで、私は数年前に誰でも簡単に行なえるモジュレーション塗装テクニックとして"B&W＝ブラック&ホワイト"を考案しました。戦車の基本色に関係なく、ブラックとホワイトのベース色とさらに色調を変えた中間色のグレー数色（3〜4種類）を用いてプレシェーディング（影付け）を行なうというものです。これまでにいくつかの模型誌で同テクニックを紹介してきました。

　"B&W"は、今では有効な塗装テクニックの一つとして世界中の多くのモデラー諸氏によって用いられています。しかし、完璧な塗装テクニックというものは存在せず、"B&W"も例外ではありません。"B&W"では、もっとも暗い影色にブラックあるいは、それに近いダークグレーを用いるため、サンド、ダークイエロー、グリーンのような明るい色の基本色車両の場合、"B&W"ベース色の上にそれら基本色を注意深く塗布しないと、完成模型の色調が暗くなることがあります。

　私は1人のモデラーとして好奇心旺盛で日々、効果的な方法を模索・チャレンジしています。そして色彩理論に基づいた新しいテクニック"C&W＝コンプレメンタリー（補色）＆ホワイト"を考え出しました。"B&W"は、色彩理論などを考えることなく、簡単、かつ効果的にAFV模型を塗装する方法だったことを思い出している読者も多いことでしょう。しかし、"C&W"テクニックも難しいものではありません。いくつかの簡単で効果的な基本コンセプトを理解するだけで行なうことができます。特にはっきりとした色調表現を目指したい場合に有効な方法といえます。

　それでは、実際に模型を使って"C&W"の効果とその方法を解説していきましょう。

"C&W"テクニックを用いて塗装する
1943年 クルスク戦のパンターD型

AFV模型の中では、もっとも人気が高い第二次大戦ドイツ戦車。デザインの良さ、華々しい戦歴の数々に加え、バラエティーに富んだ塗装もドイツ戦車の魅力の一因となっている。特に人気が高い3色迷彩の車両は、"C&W"テクニックを用いた製作例として最適のアイテムといえる。

【使用キット】
■タミヤ1/35 ドイツ戦車パンサーD型（品番35345）
■Tamiya 1/35 German Tank Panther Ausf.D

タミヤのキット製作

"C&W"を用いた製作例としてタミヤ1/35のパンサーD型（品番35345）を選びました。2015年の静岡ホビーショーのタミヤのブースでこのキットを見て以来、早く手に取ってみたいという気持ちが高まっていました。そして、7月末にようやくキットを手にすることができました。

このキットは、期待どおりの非常に良くできています。車外装備品の固定具やクランプなどディテールの再現性は高く、装甲板表面や溶接跡の質感表現も実にリアルです。キットには、エッチングパーツなどは含まれていません。作例では、同社別売のメタル砲身（品番12664）、エッチング製エンジングリル（品番12666）、連結式履帯（品番12665）も使用していますが、それ以外はほぼそのままストレートに組み立てています。よりディテールの再現に拘りたい方は、他社発売のディテールパーツ類を使用すると良いでしょう。

履帯パーツには突き出しピン跡が残っているので、ペーパーをかけて処理しました。すべてのパーツを処理するのは大変なので、完成後に見える箇所のみでも構いません。些細な作業ですが、砲塔本体パーツC48と前面パーツC33の接着後にわずかに生じた隙間をパテで埋め、ペーパーをかけた後、溶接跡をリタッチしました。砲塔の車長用キューポラの視察孔内側にプラ板の小片を接着し、ペリスコープを再現しています。

パンターD型といえば、クルスク戦

パンター戦車は、ソ連軍戦車に対抗するために開発され、大戦後半からIII号戦車、IV号戦車に代わって主力戦車として活躍することになります。最初のプロトタイプ（1号車はダミー砲塔）が1942年9月に造られ、1943年1月には量産型D型が完成します。

生産当初の車両は、エンジンや変速機、最終減速機など駆動機構に機械的なトラブルを抱えており、1943年6月までにはある程度改善され、最初のパンターD型部隊となったマインラート・フォン・ラウヘルト少佐率いる第39戦車連隊の第51、第52戦車大隊に各96両が配備されました。

同連隊は装甲擲弾兵師団グロースドイッチュラント麾下となり、パンター戦車にとって初陣となる翌7月のクルスク戦に参戦しています。まだ機械的トラブルは完全に解消されてはいませんでしたが、パンターD型はクルスク戦においてその性能をいかんなく発揮し、ソ連軍戦車263両、対戦車砲144門、装甲車4両、トラック60台を撃破・破壊しています。しかし、その代償も大きく、第51戦車大隊の残存車両は33両となり、第52戦車大隊も似たような状態でした。

その後、パンターD型が抱えていた初期トラブルは完全に解消され、パンター戦車は第二次大戦の最優秀戦車と評されるほどの活躍をしたことは周知のとおり。

"C&W"を用いた塗装

パンターD型といえば、やはりクルスク戦の車両を連想される方が多いはず。作例も塗装Cとしてキットの説明書に掲載されているクルスク戦のグロースドイッチュラント師団戦車連隊所属445号車を再現しています。

塗装には、新しいテクニック"C&W"を使用しました。このテクニックは、"B&W"より

も若干複雑なので、塗装前に少し色彩について知る必要があります。とは言っても難しいものではありません。7ページ掲載写真の『カラーホイール』のようなひと目で色調の変化が分かるカラーチャート図を見て、チェックするのみです。

"C&W"テクニックは、"B&W"テクニックにおいてもっとも暗い影部分に塗布していたブラックの代わりに、上吹きする基本色に適した補色（Complementary）を使用します。作例のパンターD型の場合、基本色はドゥンケルゲルプ（ダークイエロー）です。『カラーホイール』を見ると、同色はオレンジとイエローの混色の部分に相当します。図示されたその補色をチェックすると、矢印がパープル-バイオレットを差しています。そこで、下地塗装のプレシェーディング（影付け）には、パープルやバイオレット系の塗料を使った混色を使用すれば良いわけです。

下地塗装の後の3色迷彩（基本色ドゥンケルゲルプにオリーフグリュン、ロートブラウンの迷彩）は、それぞれ暗色と明色に調色した塗料を使って、一般的なカラーモジュレーションを用いて塗装しています。"C&W"という新しいテクニックに合わせ、これも新しい試みとして迷彩2色は、原色カラーを混色したものを使ってみました。もちろん、実際のRALカラーとは色調が違ってしまうのではないかと懸念される読者も多いはず。模型製作では、何事もチャレンジすることが大事なのです！

ウェザリングは、強めに施しました。新兵器パンターの初陣としては、過度な表現かもしれません。実際のクルスク戦ではトラブルで行動不能になったり、撃破された車両も多かったわけですから。しかし、模型としての見映えを優先させました。

塗装前の下準備：サーフェイサーを塗布

サーフェイサーを塗布した後は、1000番くらいのペーパーをかけて、表面を均しておくことも忘れずに。

組み立て完了後に、まず下準備。メタル砲身やエッチングなどを使用した場合は、激しいウェザリング作業などによる塗料剥がれを防ぐため、必ずそれら金属パーツにメタルプライマーを塗っておくこと。その後、全体にサーフェイサーを吹き、模型表面の傷や隙間、ゴミの付着、整形処理忘れなどをしっかりとチェック！こうした基本作業が完成後の見映えアップにつながる。

"C&W"テクニックを用いた塗装工程

[工程1] まず、奥まった細部にブラックを塗布

砲口、機銃口、スモークディスチャージャー、車長用キューポラの視察孔、機関室の吸排気グリル、車体下部の内側などにXF-1 フラットブラックを塗布する。

塗装箇所1　砲口（マズルブレーキ）
塗装箇所2　同軸機銃口、スモークディスチャージャー
塗装箇所3　吸気グリルと排気グリル
塗装箇所4　ペリスコープ及びキューポラ視察孔
塗装箇所5　履帯と転輪の裏側付近

【工程2】基本色の補色をカラーチャート図でチェック

基本色ドゥンケルゲルプ（ダークイエロー）の補色を円形のカラーチャート図『カラーホイール』を使ってチェック。補色を再現するためにタミヤアクリルのX-4ブルーとX-16パープル、さらにXF-2フラットホワイトを用意する。

【工程3】"C&W"でプレシェーディング

まず、"C&W"の"W"から。奥まった部分や影になる部分にブラックが薄らと残るような感じで、XF-2フラットホワイトを吹き付けていく。車体と砲塔の上面や傾斜装甲の上方付近など明るくする部分（光が当たる部分）は濃いめに塗布。

下地色ブラックを薄く残す箇所1
砲身下側

下地色ブラックを薄く残す箇所2
車体前面及びフロントフェンダーの下方

下地色ブラックを薄く残す箇所3
吸排気グリル

下地色ブラックを薄く残す箇所4
防盾及び砲塔側面、車体側面の下方

下地色ブラックを薄く残す箇所5
シュルツェン下方及び転輪の内側付近

フラットホワイトを塗布した後、"C&W"の"C"、補色をX-4ブルーとX-16パープルを混ぜて作る。濃い色、薄い色、その中間色のブルー系3色を用意。まず、もっとも濃いブルーを水平部分の周囲や凹んだ箇所、傾斜装甲の下方、影になる部分に塗布。

もっとも濃いブルーを塗布する箇所1
水平面やパネルラインの周囲

もっとも濃いブルーを塗布する箇所2
砲身の下側、車体前面とフロントフェンダーの下方

もっとも濃いブルーを塗布する箇所3
突起部分やディテールの周囲

もっとも濃いブルーを塗布する箇所4
シュルツェン下方や転輪の内側

もっとも濃いブルーを塗布する箇所5
防盾、砲塔側面/後面、車体側面の下方

フラットホワイトともっとも濃いブルー系カラーの間に少し明るく調色したブルー系カラーを薄く吹いていき、グラデーションを付ける。

少し明るくしたブルー系カラー
もっとも濃いブルー系カラー

もっとも濃いブルー系カラー
中間の色調としたブルー系カラー
もっとも明るいブルー系カラー

"C&W"の最後のステップとしてさらに明るく調色したブルー系カラーを吹き、最も明るい部分のホワイトから最も暗い部分のブルーへ自然な感じのグラデーションを付けていく。上部の明度を高く、下部の明度を低くし、陰影をより強調させる"ゼニタル・エフェクト"にもなる。

[工程4] 基本色と迷彩色の塗装

基本色ドゥンケルゲルプには、タミヤアクリルのXF-60ダークイエローを使用。溶剤(シンナー)で同塗料を80%くらいに希釈し、エアブラシを使って薄く、数回に分けて吹いていく。前工程の"C&W"の陰影が薄らと見えるような感じにする。迷彩色のオリーフグリュンはX-15ライトグリーンとXF-1フラットブラックの混色を使用。微妙に色調を変えた数色のグリーンを作り、モジュレーション塗装で迷彩を入れていく。
もう一つの迷彩色ロートブラウンは、X-6オレンジとXF-1フラットブラックを混色。色調を変えたブラウン数色を作り、同様にモジュレーション技法を使って塗装する。

基本色にはXF-60ダークイエローを使用。

基本色は、下地色"C&W"の明暗が残るように塗布する。

傾斜装甲やシュルツェンの下方、足周りは色調が暗い。

迷彩色も場所により明暗色調を変えたモジュレーション塗装で。

迷彩色ロートブラウンもカラーホイールの色を参考に調色する。X-6オレンジとXF-1フラットブラックを混ぜ、明暗色調が異なる数色を用意する。

迷彩色オリーフグリュンは、タミヤアクリルのX-15ライトグリーンとXF-1フラットブラックを混ぜて製作。カラーホイールの色を参考に明暗、色調を変えたグリーンを数色用意。

[工程5] ディテールを塗装する

車載工具、履帯及び予備履帯、転輪ゴム、排気管など、ディテールを塗装。こうしたディテールにもチッピング、ウェザリングを施すことを忘れずに。

予備履帯は錆びた感じに仕上げている。

工具などには、サビや傷などを表現。

起動輪のスプロケット、内側転輪のリム外側、履帯のセンターガイドには、シルバーで金属が擦れた感じを表現。

[工程6] ディテールにハイライトを入れる。

アクリル塗料と細筆を使って、ハッチやクラッペの縁、ボルトやリベット類、取っ手、さらに突起部分などディテールにハイライトを入れていく。塗料は、工程4においてエアブラシで塗布したものより若干色調を明るくしたものを用いた。

[工程7] チッピングを施す

チッピング作業には、細筆やスポンジ、綿棒などを使用した。

ロートブラウン塗布部分は、前工程で使用した塗料より明るいブラウン、さらに部分的に下地基本色のダークイエローで傷を表現。

装甲板表面が露出した部分は、ブラック+ブラウンの混色などで表現。

オリーフグリュン塗布部分も明るいグリーンで傷を表現。

ドゥンケルゲルプ塗布部分は、工程4で使用したダークイエローより明色で傷を表現する。

浅い擦り傷、引っ掻き傷（スクラッチ）は、各々迷彩に用いた3色を明るくした塗料を使い、細筆を使って表現。装甲板の表面が露出した深い傷は、ブラック、ブラウンを混色したダークカラーで表現していく。

細かなチッピング表現には、適度にちぎったスポンジに塗料を付けて行なう。塗料を付けたスポンジをいきなり模型に当てるのではなく、紙やプラ板などでいったん色の付き具合をチェックしてから行なうこと。

チッピングは、デカールの上にも必ず施しておこう。デカール部分のみきれいな状態だと、不自然に見えるからだ。
チッピング作業終了後は、サテンバーニッシュ（半つや消しクリアー）を模型全体に塗布する。部分的に異なるツヤを均一に整え、さらにここまでの塗膜を保護することができる。

[工程8] 油彩を使ってフィルタリング

車体の退色表現には、今なお伝統的な技法、油彩を使ったフィルタリングがベストな方法といえる。まず、模型の表面に様々な油彩（ホワイト、ブルー、イエロー、オレンジ、グリーン、ローアンバー、アスファルト、ネイプルスイエローなど）を点付けする。上面や傾斜装甲の上方は明るい色を、傾斜装甲下方や車体下部は暗い色を使っている。これも"ゼニタル・エフェクト"をもたらしてくれる。

10〜15分ほど乾かせた後、油彩用のシンナーを含ませた筆を使って、点付けした油彩を上から下へ伸ばしていく。油彩は、シンナーで容易に色を落とすことができるので、満足する色調が再現できるまで繰り返し作業を行なうことが可能だ。

筆は上から下へ

車体に付着した土や泥の表現はピグメントを使用。

スミ入れ（ピンウォッシング）でディテールやパネルラインなどを強調した。

[工程9] 各部の汚れを表現する

アモ（Ammo）のウォッシング専用液のDAK用ウォッシュ（品番AMO-1001）やNATO迷彩用ウォッシュ（品番1008）などを用いて、ディテールを強調、筋状の汚れを表現。
車体に付着した泥や土、砂埃はアモのピグメント、ヨーロッパアース（品番3004）、ロシアンアース（品番3014）、ライトダスト（品番3002）を使って表現。個人的な意見だが、夏季や乾燥した時期の春秋頃の泥や土の汚れの色は、ダークイエロー（ドゥンケルゲルプ）に近いので、作例のようにドゥンケルゲルプを基本色とした迷彩車両（時期は7月）の場合、ウェザリングを上手く見せるのは、意外と難しい。そこで、同系色のドゥンケルゲルプよりも迷彩色のオリーフグリュンとロートブラウン部分の汚れを強くしている。

ウォッシング専用液を使ってスジ状の汚れも加える。

ピグメントを塗布する際は、必要としない部分にも付着してしまう。不要なピグメントは、綿棒などを使って拭き取る。ピグメントの定着にはタミヤのアクリル溶剤などを使用した。

[工程10] **燃料、オイル、グリースなどの汚れを表現**

車体上の燃料やオイル、グリースによる汚れや染み跡は、油彩のビチュームやアスファルトに少量のグロスバーニッシュを混ぜ、希釈したものを細筆に付けて表現。点付けしたり、筋状に流れたように描く。

[工程11] **履帯の汚しなど**

履帯にも車体と同様にウォッシングやピグメントを使った土や泥汚れを表現する。さらに接地面はガンメタルとシルバーを塗って擦れた金属の質感を出した。

パンターD型の塗装ポイント

"C&W"テクニックを用いたプレシェーディング(影付け)を行なった後、タミヤアクリルのXF-60ダークイエローを使用し、基本色となるドゥンケルゲルプを塗装。80%くらいに希釈した同塗料をエアブラシを使って、"C&W"の陰影が薄らと見えるように薄く、数回に分けて吹く。

迷彩色のロートブラウンは、タミヤアクリルのX-6オレンジとXF-1フラットブラックを混ぜた塗料を使う。カラーチャート『カラーホイール』を参考に色調を変えたブラウンでモジュレーション塗装した。

迷彩色オリーフグリューンは、タミヤアクリルのX-15ライトグリーンとXF-1フラットブラックを混ぜて作製。明暗色調を変えたグリーンを数色用意し、モジュレーション技法で塗った。

完成後のディテール

浅い擦り傷、引っ掻き傷（スクラッチ）に、各々迷彩に用いた3色を明るくした塗料を使用。装甲板の金属面が露出した深い傷は、ブラック、ブラウンを混色したダークカラーを付けた細筆やスポンジで表現。

車載工具などのディテールの仕上がりも重要なポイント。工具にもウォッシング、チッピング、ウェザリングをていねいに行なう。

デカールはキット付属のものを使用。デカールが乾いたら、表面にサテンバーニッシュなどを吹き、表面を保護した後、デカール上にもチッピングや汚しを入れることを忘れずに。

夏季の土・泥汚れは、色調が基本色ドゥンケルゲルプに近いので、オリーフグリュン、ロートブラウンの迷彩色部分の汚れを強めにしている。

チッピングのみならず、燃料やオイル、グリースによる汚れ、染みの跡を表現するとリアルな感じが増す。

履帯も基本塗装後にウォッシング、ピグメントによる泥汚れを加え、さらに接地面はガンメタルやシルバーで擦れた金属の質感を表現。

PART 2 1991年 湾岸戦争のAMX-30B2

"C&W"と"B&W"両テクニックを併用する

前ページ、パンターD型の製作を例に"C&W"による塗装方法を解説したが、既に"B&W"テクニックを普段の模型塗装に用いている方なら"C&W"を併用すれば、より塗装表現の幅を広げることができる。ここでは"B&W"をベースとし、さらに"C&W"を加えたプレシェーディング方法を解説する。

【使用キット】
■ガソリーヌ1/48　AMX-30B2ブレヌス（品番GSL50805）
■Gaso.Line 1/48　AMX-30B2 Brenus

組み立てを終えたAMX-30B2

ガソリーヌ1/48のAMX-30B2は、レジン製の車体及び砲塔パーツ、プラスチック製の転輪、ビニール製ベルト式履帯、エッチング製の排気管カバーやライトガード、取っ手などで構成された複合素材キット。ディテールの再現性やモールドの仕上がりは良好。作例では、ライトガード、取っ手などを銅線で作り替え、他社製品の積み荷パーツやエポキシパテで自作したキャンバスシートを追加した。

1/48 AMX-30B2について

　私は、AFVモデルの主要スケール、1/35ばかりではなく、1/48スケールも好んで製作しています。1/48スケールの魅力は何か？まず、1/35キットに比べれば組み立て時間が短くて済み、その分、塗装作業に多くの時間を費やすことができること。そして最近の1/48キットは非常に出来が良く、しっかりと塗装とウェザリングを施せば、完成後の見映えは、1/35スケールと比べても遜色ないからです。
　ここでは、1/48キットの中から誌面で取り上げられることが少ないガソリーヌのAMX-30B2を選んでみました。フランス製のガソリーヌのキットは、1/48キットとしては標準的なレジンキットです。ディテールの仕上がりも良く、製作は容易です。

AMX-30B2について

　1963年にフランス陸軍主力戦車として制式採用されたAMX-30は、アメリカのM60、西ドイツのレオパルト1と同様の西側第2世代MBTです。フランス独自の56口径CN-105-F1 105mm戦車砲を搭載し、最大速度65km/hの機動力を持っていました。フランスのみならず、スペイン、カタール、ベネズエラ、サウジアラビア、UAE、ボスニア・ヘルツェゴビナにも採用されています。
　70年代末に新型FCSや低光量TVカメラの搭載、新型のエンジンとトランスミッションへの換装などを実施した近代化改良型AMX-30B2が登場。1991年の湾岸戦争では、フランス陸軍第6軽機甲師団第4装甲竜騎兵連隊のAMX-30B2 44両がアメリカ空軍A-10サンダーボルトIIによる航空支援の下、イラク軍

の戦車10両、BMP歩兵戦闘車3両、トラック15両を破壊しました。主力戦車が第3〜3.5世代に取って代わった現在でもAMX-30B2は各国で部隊運用されています。

湾岸戦争のAMX-30B2を製作

ガソリーヌ1/48のAMX-30B2は、レジン製の車体及び砲塔パーツ、プラスチック製の転輪、ビニール製ベルト式（個人的見地からすると、これがこのキットの欠点といえる）の履帯、エッチング製の排気管カバーやライトガード、取っ手などで構成されています。

レジンパーツのモールドやディテールの仕上がりは非常に良いのですが、白色のレジンなので、それらの成型状態（欠けや気泡の有無など）が分かりづらいこと、さらに私が普段用いているシアノアクリレート系接着剤（アロンアルファなど）では接着できず、アラルダイト（エポキシ系接着剤）が必要なのが難点と言えます。

組み立てに関する問題点はありません。作例では、ライトガード、取っ手などはキット付属のエッチングパーツは使用せず、銅線で作り替えました。戦場写真を見ると、たくさんの荷物を積んでいるので、作例もレジェンド、ヴァーリンデン、プラスモデルなどの丸めたシートや積み荷などのレジン製アクセサリーパーツを追加。さらにそれらの上にタミヤのエポキシパテで自作したキャンバスシートを載せました。

AMX-30B2の塗装

第二次大戦車両を塗装する際、資料となるのは、大抵画質があまり良くない白黒写真なので、正確な塗料を選ぶのは容易ではありません。AMX-30なら現用車両なので多数のカラー写真を参考にすることができます。

しかし、これまた色の判定が容易ではありませんでした。私が参考にした写真の1枚、輸送船から陸揚げされている車両は2色迷彩でサンド色を基本色としていますが、車体と砲塔の色調が若干異なっており、さらに車体と転輪の色調は明らかに違っています。また、他の写真ではパールサンドっぽく見えるものもあれば、黄色が強いサンド色のものも確認できます。また、ブラウンで迷彩が施されているのですが、そのブラウンもレッドブラウンに近い色から暗めのチョコレートブラウンのような色まであります。

作例では、自身の判断で正確と思われる色を決定。プレシェーディングは"B&W"と"C&W"を併用しました。塗装手順は工程を追って解説していきます。

AMX-30B2の塗装工程

工程1　サーフェイサーを塗布する

塗装前にプライマーとサーフェイサーを塗布。作例のようなレジンや金属パーツで構成されたキットでは塗装前のこうした作業は必須。作例では、アモのグレープライマー（品番A.MIG2002）を使った。乾いた後、模型表面の傷やパーツの隙間などをチェック。軽くペーパーをかけ、表面をきれいに整えておくことも忘れないように。

工程2　"B&W"でプレシェーディングを行なう

"B&W"には、アモの『ブラック＆ホワイト・モジュレーションセット』を使用。このセットには使用方法とカラーチャートが載った説明書が同梱されており、それを見れば、誰もが容易に"B&W"を行なえる。
セオリーに従って、暗色から明色を塗布していく。まず、同セットのマットブラックとマットホワイトを90％＋10％混ぜ、希釈したものをエアブラシを使って、パネルラインや凹み、ディテール周囲、奥まった部分、車体下部に吹いていき、もっとも暗い影付けを行なう。

上部平面部分には薄く塗布。

サーフェイサーのままの箇所。

影になる部分や凹み、奥まった部分は濃いめに塗布。

凹みやディテールの周辺に前工程の
ダークグレーが薄らと残る感じで塗布。

傾斜装甲やフェンダーの下方はシェー
ディングを強くしたい箇所なので、ここ
も前工程の色が残る感じで。

次に70％＋30％で混ぜたマッ
トブラックとマットホワイトを充
分に希釈し、薄く、数回に分
けて塗布する。前工程の色が
ディテールの周囲や凹み、傾
斜装甲やフェンダー、サイドス
カートの下方、さらに奥まった
箇所に薄すらと残るような感じ
で吹き付けていく。

次は、マットブラックとマットホ
ワイトを50％ずつ混ぜた色を
各部分の上面、傾斜装甲や
サイドフェンダーの上方など少
し明るくしたい箇所に吹く。

次は明色を入れていく。明
るくしたい箇所に30％＋
70％とマットホワイトを多く
混ぜた明色を塗布。これま
で塗布してきたグレーを薄く
残しつつ、自然な感じのグ
ラデーションを付けていく。

上面部分の中央がもっとも明るい部分。周囲には影を残す。

傾斜面の上端や砲身上部も明るくする。下に行くにつれ、暗くなるようにグラデーションを付ける。

もっとも明るくしたい部分（光が当たる部分）にハイライトを入れる。各部分・各突起物の上面中央、傾斜装甲やサイドスカートの最上部などにマットホワイトのみを吹く。

突起部分の上面部分などは、エアブラシではハイライトを入れにくいので、細筆にフラットホワイトを付けて塗布する。

"B&W"によるプレシェーディングを終えた状態。"B&W"では、戦車のどの部分に光が当たり、どの部分が暗くなるかを知る必要がある。ライトの下に模型を置き、強い光を当てれば、簡単に知ることが可能だ。また、明暗のみならず、グレーの色調の変化の具合も知ることができる。

工程3 "C&W"を使って補整する

基本色の色調変化をより上手く表現できるようにするために、ここで"C&W"を。後の工程で塗布する基本色はサンド色なので、その補色となるライトブルーを使用。アモのミディアムブルー＋マットホワイトの混色に同社のアクリル塗料用トランスパレーター（半透明用の添加剤）を加えたものをハイライト部分に薄く塗布していく。

前工程でホワイトのハイライトを入れた箇所にライトブルーを塗布。

エアブラシでは色付けしにくいディテールの上面は細筆を使って塗布する。

工程4 基本色を塗布する。

基本色のサンド色は、実車写真を参考にアモのアクリル塗料デザートサンドとRAL9001クレーメヴァイス（クリームホワイト）を混ぜて調色。同色に添加剤のトランスパレーターを加えたもの（塗料に対し50％）を全体に塗布。下地のプレシェーディング塗装がしっかりと残るようにエアブラシを使って薄く数回にわたって吹いた。

下地の"C&W"のおかげで基本色の明暗色調が上手く表現できる。

"B&W"の効果を生かした影になる部分。

エアブラシでは、小さな突起部分やディテールの上部など上手く色付けできない箇所は、細筆に塗料を浸けて筆塗りする。

小さな突起部分の基本色は細筆で色付けする。

ディテールのモールド上部、小パーツの上面の基本色も筆でリタッチ。

工程5　迷彩部分を塗装する

まず、基本色部分をマスキングする。作例では、アモの『カモフラージュ・マスキングパテ』(品番A.MIG8012)を使用。マスキングパテは、様々な迷彩パターンでも容易にマスキングでき、また複雑な車体表面の形状に上手く密着させることができる。
迷彩色を塗布する前に、後のチッピングやスクラッチ作業のためにアモのチッピング表現液『チッピング・フルーイド』(品番A.MIG2010)を全体に吹き付けておいた。

チッピング・フルーイドが乾いた後、迷彩色のダークブラウンを塗布する。ブラウンはアモのアクリル塗料、レッドブラウンにチョコレートブラウンを混ぜた色を使用。充分に希釈しエアブラシで吹いた。

工程6　スクラッチを施す

ダークブラウンが乾いているのを確認した後、ダークブラウンの迷彩部分にスクラッチ(引っ掻き傷、擦り傷)を表現。爪楊枝や毛先が固い筆などを使って、ダークブラウンを剥がしていき、下地のサンドの基本色が見えている状態を再現していく。サンドまで剥がしてしまわないように絶えず水で表面を湿らせながら注意深く行なうこと。

工程7　デカールを貼る

デカールは、キット付属のものを使用。デカールを貼る面にタミヤのX-22クリヤーを吹き、乾いた後、デカール用軟化・定着剤のマイクロソルとマイクロセットを使って、デカールを密着させる。デカールが乾いた後に、この後のウェザリング作業に備え、再度X-22クリヤーを吹き、デカールの表面を保護しておく。

工程8　チッピングを表現

工程6ではダークブラウンの塗料を剥がす方法でスクラッチ（引っ掻き傷、擦り傷）を表現したが、ここではサンド色部分も含め、全体にスクラッチを入れていく。RAL9001 クリーメヴァイス（クリームホワイト）を使用し、細い傷は細筆で、点状の傷はスポンジを使って表現する。

装甲板の表面が露出した深い傷は、アモのチッピング（品番A.MIG044、そのものずばりの色名）を細筆や太筆、スポンジに付けて表現した。チッピングは、車体が擦れやすい箇所、乗員が触れたり、踏んだりする箇所などそれが相応しい場所に入れること。やり過ぎには要注意。
次のウォッシング作業前に、ここまでの塗膜を保護するために模型全体に再びタミヤアクリルのX-22クリヤーを塗布しておく。

工程9　ウォッシングを行なう

ウォッシングを行ない、パネルラインや凹み部分、ディテールを強調する。ウォッシングには、アモのウォッシング専用エナメル塗料のアフリカコーア・ウォッシュ（品番A.MIG1001）とダーク・ウォッシュ（品番A.MIG1008）を使用。場所によって色を使い分けている。

工程10　ディテールを塗装する

ライト、ペリスコープ、機銃、牽引ケーブル、車載工具、積み荷、予備履帯、排気管マフラー、転輪ゴムなどを細かく塗り分ける。ディテールにもウォッシング、ウェザリングなどをしっかりと施す。また、積み荷などはつや消しクリアーを塗布し、ツヤを消しておくことも忘れずに！

工程11　油彩によるフィルタリング

油彩によるフィルタリングで退色表現を行なう。模型の表面に油彩をランダムに点付けし、数分たってから油彩用のシンナーを含ませた筆で油彩を伸ばしていく。油彩はイエロー、レッド、ブルー、サンド、ブラウン、セピアなどを使用。明るくしたいのであれば、ホワイト、ネイプルスイエローなどを、また暗くしたいのであれば、ダークブラウンやセピアを強くする。満足できる状態に仕上がるまで繰り返し行ない、完了後は、つや消しクリアーを全体に塗布し、表面をコートするとともにツヤを整える。

工程12　泥汚れを汚す

ウェザリングの仕上げとしてピグメントを使って車体に付着した土や砂の汚れを表現。作例は、アモのピグメント、ライトダスト（品番3002）をメインにヨーロッパアース（品番3004）、ロシアンアース（品番3014）を加えたものを使った。

AMX-30B2の塗装ポイント

チッピングは、細筆や太筆、スポンジを使って表現。引っ掻き傷や擦れ跡（スクラッチ）は基本色より若干明るい色で、装甲板の表面が露出した深い傷は、ダークブラウン（作例はアモのチッピング）を使った。チッピングは、車体が擦れたりしやすい箇所、乗員が触れたり、踏んだりする箇所などそれが相応しい場所に入れること。

履帯は、ビニール製のベルト式。塗装やウェザリングの際に塗料が剥がれないように、プライマー塗布など下地処理をしっかり行なっておく。

"B&W"の後、さらに基本色の色調変化をより上手く表現できるようにするためにライトブルー系塗料を使った"C&W"でプレシェーディングを行なった。

基本色は、エアブラシを使って薄く数回にわたって吹いていく。陰になる箇所やディテールの周囲、砲身や傾斜装甲、サイドスカートの下方は、プレシェーディング塗装がしっかり残るようにする。

ダークブラウンの迷彩は、アモの『カモフラージュ・マスキングパテ』を使って塗装。迷彩色を塗布する前に『チッピング・フルーイド』などのチッピング表現液を全体に吹き付けておけば、迷彩部分のチッピング、スクラッチも容易に再現できる。

実車写真を参考に積み荷も再現。市販のレジン製パーツ類の他にエポキシパテでキャンバスシートも自作した。こうした車載工具や積み荷などもウォッシングやフィルタリング、ウェザリングをしっかりと施すと、よりリアルな見映えになる。

PART 3 "C&W"はAFV以外にも使用できる
宇宙海賊戦艦アルカディア

"C&W"テクニックは、色調豊かなプレシェーディング表現が可能だ。もちろんAFVのみならず、幅広く様々な模型に対応できる。特に鮮やかなカラーリングのアニメやSFメカにはこのテクニックはかなり有効である。

ハセガワ1/1500「キャプテンハーロック 次元航海」宇宙海賊戦艦アルカディア 一番艦を製作例として"C&W"を解説。この艦の完成後の機体色は、ライトグリーンなので、カラーホイールではバイオレット・レッドのカラー帯となる。そこで、アモのレッドとフラットホワイトを使ってプレシェーディングを行なった。

機体色は、アモのプロテクティブグリーン、ライトグレーグリーン、インテリアグリーンを調色して使用。色調が異なるライトグリーン数色を作り、塗装した。

艦首と舷側のドクロ、甲板、艦尾などをていねいに塗り分けて完成。SF&アニメ・メカにも簡単にカラーモジュレーションやゼニタル・エフェクトを採り入れた塗装が行なえる。

※次元航海バージョンは限定生産版のため、店頭在庫のみの状態です。

ⓒ松本零士・東映アニメーション
ⓒ嶋星光壱・秋田書店
企画協力：零 Goods universe

第 2 章

四季に応じた塗装＆ウェザリング

"ウェザリング・オブ・ザ・シーズン"

　四季がある地域（AFVモデリングでは、ヨーロッパと東アジアなどが主な地域となる）では、当然のごとく季節によって天候や地表の状態、植生などが変化します。そのため特定の時期・場所（例えば、1943年7月クルスク戦や1944年6〜7月ノルマンディー戦など）における車両を再現する場合は、それに合った塗装とウェザリングが必要になります。

　それぞれの季節によって、塗装する際には基本塗装に用いる塗料はもちろんのこと、ウェザリングに使用する塗料、専用の再現液、ウォッシング液、ピグメント、情景用テクスチャーペイントなどが異なってきます。

　第2章では、"春"〜"冬"といった四季によって異なる戦車模型のウェザリング（土や砂、泥による汚れ、車体表面の色調や退色変化など）を詳しく解説します。

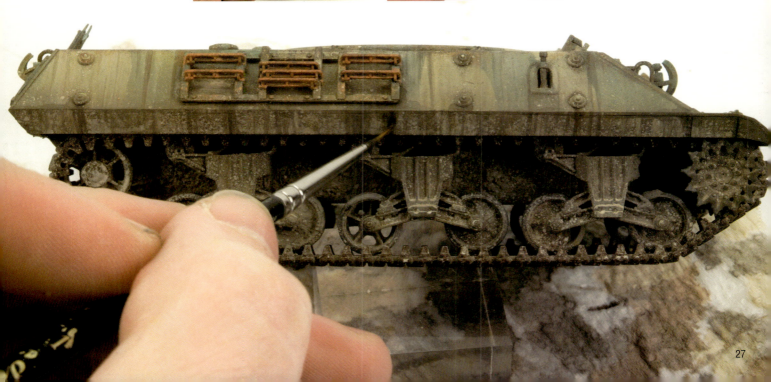

模型製作の準備

AFV模型を作る際に、何を準備すれば良いのでしょうか？　例えば、III号戦車を作りたい場合、まず最初にどのメーカー、どのスケールの車両を作るか、キット選びから始めます。そして定石どおり、それに対応するエッチングなどのディテールアップセット、連結式履帯を調べて用意。さらにIII号戦車の関連記事が掲載された模型誌、モデリング本、インターネット上の関連記事などをリサーチするのではないでしょうか。

製作の前に必ずキットの内容（パーツの形状、モールドやディテールのミス、省略箇所の有無など）をチェック。それから、塗装とマーキングはどうするか、いつ、どこで戦った車両を再現するかなどを決めます。

最適な塗装、ウェザリングとは？

そして、製作を開始。その際にはIII号戦車に関する資料（同戦車の解説本、プロファイル集、ディテール写真集……）も当然のごとく用意し、それらを参考にしながら組み立て作業を進めるはずです。

組み立て完了、基本塗装も終った。次はいよいよウェザリング！　既に塗料、ウェザリング・セットの用意は万全、ヨーロピアンダスト、ロシアンアース、マットアースも持っている……。それで充分でしょうか？

再現したい車両が戦った場所が、どんなところだったのか、その地勢（地形や植生）を知っておくと、最適なウェザリングを行なうことができます。場所や時期によって、地面の色や状態、雨量の違いよって、車両の汚れ方が変わってきます。つまり、ウェザリングに使用する塗料や専用液の色や種類が異なるということです。

舞台となった戦場の地勢を調べる

実際の戦場跡を訪れ、自分の目で見るのが最適なのですが、それに要する時間や費用、さらに訪れたい季節（再現したい塗装と同じ時期）を考えれば、そう簡単なことではありません。しかし、調べる方法はいくらでもあります。

まず、おすすめなのがグーグル・アースや同様のウェブサイトです。それらを使えば、簡単にその場所の地勢（地形や土地の色、植生の色）を知ることができます。例えば、ドイツ・アフリカ軍団のIII号戦車を再現する場合、前述のウェブサイトを見ると、場所によって土地の色が異なることが分かるはずです。リビアのベンガジ付近なら赤っぽい砂、エジプトのエル・アラメインなら黄色っぽい砂になり、さらにチュニジアにいたっては砂漠地帯のみならず、南欧に似た植生地帯があることが分かります。

もし、こうしたリサーチに充分に時間をかけることができれば、貴方のIII号戦車によりリアルなサンド塗装とウェザリングを施すことができます。何分かの時間を割いて、空から当時の戦域を見てください。そうした写真を見る際は、撮影時期に注意。自然の色は、四季によって大きく異なるからです。

季節に応じて使用塗料を選ぶ

四季がある戦域の車両の塗装とウェザリングでは、"春"～"冬"のそれぞれに対応した色調や汚しが必要です。例えば、"春"と"秋"の土は若干の水分を含み、色調は"夏"より少し暗め。"夏"は水分を含まず乾いており、自然な土色。"冬"の土は水分を多く含み、"春・秋"よりも暗いダークブラウン～ブラック色になります。

日の当たり具合、つまりハイライト表現では、"春・夏"はベース色にイエローあるいはホワイトを極少量加えて明るくし、"秋・冬"は逆にベース色を若干暗くします（例えば、ダークイエロー、4BOグリーン、オリーブドラブなら微少量のライトグレーを加える）。

序文

車両のみならず、戦った場所の地勢もリサーチ

■四季に対応した主なウェザリングカラー

	泥汚れ、砂埃（ダスティング）、ウォッシングに用いる油彩						泥汚れ、砂埃（ダスティング）に用いるアクリル塗料（タミヤ No.）					
	バーントアンバー	ブラック	ホワイト	イエローウィッシュネイプルスイエロー	ヴァンダイクブラウン	ローアンバー	XF-72 茶色（陸上自衛隊）	XF-57 バフ	XF-52 フラットアース	XF-10 フラットブラウン	XF-2 フラットホワイト	XF-1 フラットブラック
春			●	●	●	●	●	●	●	●		
夏	●	●	●	●	●				●	●	●	
秋	●				●	●	●	●				●
冬		●			●							●

NASAが公開している衛星写真

ここに掲載したすべての衛星写真は、NASAのウェブサイト『NASA VISIBLE EARTH』の写真を使用。誰でも下記にアクセス可能である。https://visibleearth.nasa.gov/

フランス

オランダ、ベルギー

コーカサス地方（ジョージア、アゼルバイジャン、アルメニア、トルコ北部、イラン北部、西は黒海、東はカスピ海）

カスピ海北部（ロシア南部、カザフスタン西部）

ロシアのサンクトペテルブルク（旧レニングラード）地区

ギリシャ、ブルガリア、トルコ北西部

エジプト

リビア

イラク、イラン西部

イスラエル、地中海東部

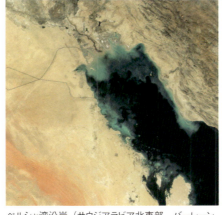
ペルシャ湾沿岸（サウジアラビア北東部、バーレーン、カタール、クウェート、イラク南部、イラン西部）

メコン・デルタ地帯（ベトナム南部、カンボジア南部）

【使用キット】
■タミヤ1/35 イギリス戦車マークⅣメール（品番350057）
■Tamiya 1/35 British Tank Mk.IV Male

SPRING
春〔製作1〕　1918年3月末

ルーデンドルフ攻勢のマークⅣ菱形戦車

"春"のイメージは、天気に恵まれた日々、晴天そして時々雨、澄んだ空気に新緑の大地……。まず、第一次大戦におけるドイツ軍の最後の大反攻となった1918年春の"ルーデンドルフ攻勢"のマークⅣ戦車を"春"の題材として選んでみた。

ルーデンドルフ攻勢とは

1914年7月にイギリス・フランス・ロシアを中心とする連合国とドイツ、オーストリア＝ハンガリーを中心とする同盟国の間で第一次世界大戦が勃発。当初は、一進一退の攻防を続けていましたが、翌1915年には互いが塹壕でにらみ合うという膠着戦に陥っていました。この戦局を打開するために1916年7月のソンム会戦においてイギリスが投入したのが、世界初の装軌式戦車となったマークⅠ菱形戦車でした。

1917年12月にロシア革命により、ロシアが戦争から離脱。それによりドイツ軍は東部戦線の兵力を西部戦線に集中できるようになりました。ドイツ陸軍参謀次長エーリヒ・ルーデンドルフは西部戦線における勝利を決定付けるため、春季攻勢＝"ルーデンドルフ攻勢"を発案、1918年3月に同攻勢が始まりました。緒戦の"ミヒャエル作戦"（同攻勢での作戦の一つ）では、初日から大きな戦果を収め、ドイツ軍は、イギリス第5軍の前線のいくつかを突破。イギリス兵の

約20,000名が戦死、約35,000名が負傷し、2日後には、第5軍は戦線からの撤退を余儀なくされました。

しかし、その後、イギリス・フランス軍は戦線を再構築。さらに5月以降、アメリカ遠征軍も参戦し、西部戦線の均衡も崩れ、やがてドイツ軍は連合軍の兵力と物量の前に屈することになります。

マークⅣ戦車

戦車が登場しておよそ100年が経ちます。世界初の戦車となったのは、イギリスのマークⅠ菱形戦車ですが、その完成形といえるのがマークⅣです。マークⅣ（メール及びフィメール）は第一次大戦を代表する戦車、さらには戦車の始祖といってもよいほど戦車開発史上において重要な車両です。

マークⅣメールは、全長8.0m、全幅4.11m、全高2.43m、重量27.9t、乗員8名、武装：23口径6ポンド砲×2門、装甲厚6～12mm、最大速度5.59km/h、航続距離56kmでした。1917年から生産が始まり、1,015両造られています。

タミヤのキット製作

"春"のディオラマの作例として"ルーデンドルフ攻勢"においてドイツ軍を迎え撃つイギリス軍のマークⅣを再現しました。マークⅣは、タミヤのキット（品番30057）です。このキットの発売がアナウンスされた際、モーターライズであることに対して不満を持ったモデラーは少なくありませんでした。モーターやその関連パーツをなくし、価格をもっと抑えてほしいという要望や、（もっと重要なことは）ディテールの再現性はどうなのかという疑問でした。

実際にキットを手にして分かったことは、そんな心配は不要だったということでした。パーツの精度は高く、組み立ては容易、ディテールも良くできています。モーターは取り付けず、完全なディスプレイモデルとするため、ポリキャップ式

塗装前の状態

このキットは、タミヤ製品らしくパーツの精度は高く、組み立ては容易、モールドはシャープな仕上がりで、ディテールの再現性も高い。モーターライズだが、当然ディスプレイモデルとしても楽しめる。

マークIV戦車の塗装工程

〔工程1〕塗装前にサーフェイサーを塗布

模型表面には油などが残っていることもあるので、塗装前には必ずサーフェイサーを吹く。作例では、タミヤのファインサーフェイサーを使用。缶から直接吹くのではなく、希釈したものをエアブラシで薄く数回に分けて塗布することをおすすめする。模型表面の傷や整形処理・接着剤の跡、パーツの隙間などの有無を確認、さらにペーパーをかけて表面を均一にしておく。

各パネルやディテールなどの周囲に吹く。

凹凸部分や奥まった場所にも塗布。

車体下部と履帯内側、転輪などはしっかりと吹いておく。

この段階で雨垂れ跡などの筋状の汚れ（下地となる）も付けておく。

〔工程2〕プレシェーディングを行なう

塗装にボリュームを出すためにプレシェーディング（影付け）を行なう。作例では"B&W"テクニックを使用。タミヤアクリルのXF-1フラットブラックとXF-2フラットホワイトを用意し、明暗色調が異なるグレー（ダークグレー〜ミディアムグレー〜ライトグレー）を調色する。最初に各パネルや凹み、ディテールなどの周囲、奥まった部分、車体下部にエアブラシでダークグレー（ジャーマングレーに近い暗色）を薄く数回吹き、もっとも暗い部分の影付けを行なう。

のパーツもすべて接着。車体後部上面の角材にはナイフなどを使って、木目を表現しました。サイドスポンソンの6ポンド砲は砲尾も再現されていますが、ルイス機関銃の内側部分は再現されていません。もし、別パーツの後面ハッチを開けた状態とするのであれば、機関銃の内側も再現する必要があります。

塗装について

私は毎回、作業に入る前に「どのような方法で塗装するか」、「どういう状況設定か」などを充分に考えます。作例でも"B&W"テクニックを使用しました。カラーモジュレーションやゼニタル・エフェクトは面倒で敬遠しがちの人、明暗色調の変化付けがよく分からないという人でも"B&W"なら、似た効果を簡単に出すことができます。

具体的な塗装方法は写真を用い、工程ごとに解説していきましょう。

ディオラマベースの製作

完成車両をディオラマにすることで、砂、泥、土の色、植生などにより、その背景＝活動時期や場所をより上手く表現できます。さらにフィギュアを加えることによって車両の大きさを伝えることも可能です。

マークIV戦車が活動する戦場といえば、塹壕と有刺鉄線、泥まみれ、曇った大気などのイメージが思い浮かびますが、作例では、模型に"春"らしさを演出するため、ドイツ軍前線の突破に成功した後、道路がある開けた場所を進撃する様子を再現してみました。フィギュアは、タミヤがリリースしている『WWI イギリス歩兵セット』（品番35339）の2体を使用しています。

周囲に前工程のダークグレーが残るように各パネルや平面部分の中央に塗布。

次に最初に塗布したダークグレーよりも少し明るく調色した色（2番目に暗いグレー）を各パネルや平面の中央付近に吹く。エッジ部分などエアブラシでは難しいピンポイント箇所は筆で色付けする。もっとも暗いダークグレー（前工程の影部分）と下地サーフェイサーの間にグラデーションが付くような感じで。"B&W"は、カラーモジュレーションやゼニタル・エフェクトが苦手な方でも容易に似た効果を得ることができる。

エッジ部分や突起部分などは、エアブラシで吹くと不要な箇所まで色が乗ってしまうため、筆を使って色を付ける。

筋状の汚れ跡などはしっかりと下地色が残るように。

各部分の上面を明るくする。

面積が広い上面中央にハイライトを入れる。

エッジ、側面や傾斜面の上部も明るくする。

明るめに調色したライトグレーを使って明るくしたい箇所に塗布。各部の上面、各パネルの中央、側面及び傾斜面の上部などに吹く。ここでも暗くしたい箇所の下地色がしっかりと残るように注意しよう。

側面の筋状の汚れ箇所にも明色を入れてリタッチ。

さらに明るくしたい部分に充分に希釈したフラットホワイトを薄く塗布していく。自然な感じのグラデーションが付くように中央を明るく、周囲を暗く。また、上部が明るく、下部が暗くなるように仕上げる。

〔工程3〕プレウェザリングを行なう1

さらに塗装前に履帯及び車体に付着した土や泥による汚れの下地を作っておく。タミヤの情景テクスチャーペイントの『粉雪 ホワイト』と『路面 ライトグレイ』を混ぜたものを筆に取り、履帯と車体に付着させる。フェンダー装備の通常型の戦車の場合では、車体の泥汚れは下部が中心となるが、マークⅣのように上面まで履帯が露出している車両は、車体上部にも汚し（履帯が運んでくる土や泥がこぼれ落ちる）が必要である。

さらに本物の砂粒などを加えた泥を付け加え、リアルな感じを出す。

車体上部の両側には、履帯によって運ばれ、こぼれ落ちた土と泥を付ける。

当然のことだが、履帯表面と裏側に泥汚れを施す。

車体側面の上部にはこぼれ落ちた泥を表現。特にスポンソン前後は多めに付ける。

車体側面に張り出したスポンソン上面にも履帯からこぼれ落ちた土と泥を付ける。

車体の動き（や振動）を考えながら、泥を付ける場所を決める。

車体前部と後部は多めに付着させた。

固着させた土、泥汚れの上にミディアムグレーを塗布し、出来具合をチェック。土や泥の色みが変わるが、ここでは色は重要ではない。車体に付着した土や泥を上手く表現できているか、仕上がりを確認するためである。

〔工程4〕プレウェザリングを行なう2

この段階で、プレウェザリングを施す。ダークブラウンやダークグレーで筋状の汚れ、雨垂れの跡、燃料やオイル、グリースなどの染みや汚れなどを表現。この後に基本色を薄く塗布していくので、このプレウェザリングは効果的で、なおかつ後で修正するのも容易。

筋状の汚れ

染みや垂れた跡

汚れが垂れた跡

〔工程5〕車体色を塗装する

車体色のベース色としてアモのアクリル塗料グリーンモス（品番A.MIG074）をシンナーで85%希釈したものを全体に塗布。塗料は1度で塗るのではなく、色調の様子を見ながら、薄く何度も吹いていく。下地のプレシェーディングが薄らと残るように気を付けながら、塗布すると明暗が上手く表現でき、ゼニタル・エフェクトの効果が得られる。

上面や側面上部は明るめ。

傾斜装甲部分も上部は明るめで、下方に行くに従い暗くなる。

薄く塗布すると、プレシェーディングにより下部は暗めになる。

〔工程6〕ハイライトを入れる

工程5のベース色グリーンモスに同じアモのアクリル塗料ライトウッド（品番A.MIG038）を加え色調を明るくした色を用い、細筆で各部のエッジや突起部分、リベット、小ハッチなどディテールにハイライトを入れていく。

〔工程7〕ディテールを塗装する

機関銃、排気管、角材などディテールを塗り分ける。機関銃は、スケール75の『Metal N' Alchemy Set』を使って、ポリッシュされた金属の質感を、排気管にはアモの『ラスト・エフェクツ・カラーズ（品番A.MIG71016）を用い錆びた感じに、また角材には木の質感を表現した。戦術マークもフラットホワイトで描き入れた。

アモの『ラスト・エフェクツ・カラーズ』。錆や錆汚れを簡単、リアルに表現できる塗料セット。海外製品だが、持っておくと重宝する。

角材は、ところどころ擦り傷や色落ちを表現し、木の質感を出す。

排気管は錆びてざらついた感じを出した。

機関銃は、箇所によって色を変える。こうしたパーツは金属の質感をいかに表現するかが大事。

〔工程8〕車体に付着した砂埃を表現

戦場で活動する車両は、車体全体に埃を被り、うっすらと汚れている。車体に付着した砂埃を表現するため充分に希釈したファレホのアクリル塗料バフを薄く吹いた。塗布する際は、砂埃が多く溜まる箇所、あまり付着しない箇所もあるので、色乗りが均一にならないように注意。
この後の作業でエナメルや油彩を使って激しいウェザリングを行なうので、この段階で全体の塗装を保護するためにタミヤアクリルのX-22クリヤーを塗布しておく。

プレウェザリングで泥付けした箇所にはしっかりとバフを塗布。

泥汚れの周辺にもバフを吹く。

〔工程9〕ウォッシングを行なう

エナメル塗料のブラウンとアース系色、油彩（作例ではウィンザー＆ニュートン）のローアンバーとネイプルスイエローの混色などを使って各パネルやリベット、突起物の周囲やパネルラインなどにピンウォッシング（スミ入れ）を行ないディテールを強調。さらに泥汚れの一部もウォッシングし、質感を出す。ウォッシングは単一ではなく、場所によって色調や濃淡の変化を付ける。

〔工程10〕筋状の汚れを表現

垂直面の筋状の汚れ、流れ落ちた泥や雨垂れ跡などを描き込む。ファレホのアクリル塗料、バフ、アース、ブラック、チョコレート、ホワイトを使用。調色した各色をシンナーで希釈し、細筆を使って描いていく。ここでは、塗料を充分に薄めたものを使うことがポイント。色が濃過ぎると実感を損ねてしまう。

塗料は充分に薄め、筆入れの回数で濃淡を調整。筋の色が濃過ぎると実感を損ねるので注意。

雨垂れ跡はブラウン系の色で描く。

泥が流れ落ちた箇所はバフやアース系の色を使用。

〔工程11〕油彩でフィルタリングを行なう

油彩でフィルタリングを行ない色調の変化付けとともに退色した感じを表現。模型の表面に油彩をランダムに点付けし、数分たってから油彩用のシンナーを含ませた筆で油彩を伸ばした。油彩は様々なブランドのレッド、イエロー、グリーン、セピア、ブラック、ホワイト、ダークブルーなどを使用。基本色のグリーンを強調するため汚れの少ない部分（平面部分やパネル中央など）は、グリーンの油彩でグリーンの色調を強くしている。

汚れ少ない箇所は、グリーンの油彩で戦車本来の基本色グリーンを強調した。

ところどころに錆びた感じを表現。

角材のフック固定具の錆、チェーンと触れる部分に付着した錆汚れを表現。

履帯の接地部分は地面と擦れた感じを表現。

〔工程12〕仕上げ

アモのピグメント、ライトダスト（品番3002）をメインにヨーロッパアース（品番3004）、ロシアンアース（品番3014）を使って付着した土や砂の汚れを追加。履帯の接地面はメタル系塗料を使って、金属が擦れた（ポリッシュされた）質感を出す。さらに個別に塗装した積み荷などを載せ、積み荷にもウェザリングを施す。

マークIV戦車の塗装&ウェザリング・ポイント

積み荷なども車体と同様にウォッシング、ウェザリング、フィルタリングを施して統一感を出す。

"B&W"テクニックを使用したプレシェーディングで、車体色にカラーモジュレーションやゼニタル・エフェクトを表現。

フィルタリングの際にグリーンの油彩を使用し、車体色のグリーンを強調。

上面のところどころに履帯からこぼれ落ちた土や泥を再現した。

流れ落ちた泥汚れを表現。

車体側面の筋状の汚れは、車体色塗装前のプレウェザリングの段階で表現。さらに車体色塗装後にも細筆で描き込む。

足回りの泥汚れは、明暗色調に変化を付け、質感表現が重要。

マークⅣのような車体上面まで履帯がある戦車は、通常レイアウトの車両に比べ、車体上面の汚れも激しい。履帯内側の車体上面及び側面のスポンソン上面にも履帯が運んできた土や泥が堆積している。

"春"のウェザリングは明るめで、泥は乾いた部分を多くする。車体のウェザリングと同様に機銃や排気管、さらに積み荷などのウェザリング、質感表現は重要。

ディオラマベースの製作

ベースの木製板の上に大まかに形作ったフォームコア（発泡スチロール製ボード）を接着し、フォームコアの周囲にバルサを貼り付けた。表面に模型用紙粘土（作例はダス・プロントを使用）で地面を作り、スチールブラシで表面を荒らし、地面らしく加工。中央にヴァーリンデン社のレジン製『Cobblestone Road』（石畳の道）を配置。同パーツのところどころをカットし、ダメージ跡を表現した。

ベースが乾いた後、上面の全体にサーフェイサーを吹いた。ディオラマベースも戦車本体の製作と変わらない。表面の仕上がりをチェックするためにサーフェイサー（プライマー）の塗布は大事。

地面は、アクリル塗料のマットアース、バフ、パンツァーグレー、ホワイトの混色を使用。場所によって明暗を変え、暗い部分はパンツァーグレーを多めに混色、明るくしたい部分はホワイトを多く混ぜたものを使っている。石畳の道は色調を変えたパンツァーグレー数色で塗装。その上にバフを吹き、砂埃を表現。

大きさが異なる本物の小石と砂、さらにライトダストのピグメントを少量混ぜたものを道端に加え、地面をリアルに見せる。ここで注意すべきことは、戦車のプレウェザリングで使用した土、泥汚れと同じくらいの大きさや形のものを使うこと。

ディオラマベースと戦車に付着した土、泥は形や色を同じにする。

前工程で小石や砂を配した箇所に調色したブラウンやアースを吹き、固着させるとともに色調を整える。さらにそれ以外の部分にも様子を見ながら色調を変えたブラウンを塗布していく。

ベース上に木や草を追加。ディオラマ用素材で知られるシルフロー社やウッドランド・シーニックス社、ミニチュア社の製品や実物の草、小枝などを使って再現。接着には、水で溶いた木工ボンドを使用。そのままでは不自然になるので、グリーン系の塗料を塗布して色味を調整、さらに部分的にハイライトを入れるなど明暗変化付けも忘れずに。

ディオラマベースにもウェザリングを施す。さらにバフやマットアースなどを吹いてリタッチ。戦車が進撃中のシーンなので、ディオラマベースのウェザリング、地面の質感や色調は戦車と合わせなければならない。

ベースにRBモデルズの木柵と電柱を配置。同パーツはベース色としてアクリル塗料のバフを塗布し、油彩などを使って仕上げる。最後にマークIV戦車とイギリス歩兵を配置し、完成させた。

完成したマークIV戦車のディオラマ

戦車に付着した土、泥汚れとディオラマベースの土や泥の大きさや形、さらに色調と質感はすべて統一する。

フィギュアは、タミヤの『WWI イギリス歩兵セット』の2体。また、シルフロー社、ウッドランド・シーニックス社、ミニチュア社などディオラマ・マテリアルのメーカーの草や木、RBモデルズの木柵と電柱を使用。

SPRING

春(初夏)[製作2]　1944年6月上旬

■タミヤ1/48　ドイツ大型軍用乗用車シュタイヤー 1500A/01（品番32549）
■タミヤ1/48　ハノマーク装甲兵員輸送車D型シュッツェンパンツァー（品番32564）
■Tamiya 1/48　German Steyr Type 1500A/01
■Tamiya 1/48　Mtl.SPW.Sd.Kfz.251/1 Ausf.D

ノルマンディー戦のドイツ軍

第二次大戦において"春"に起こった大きな出来事といえば、1944年6月6日のノルマンディー上陸作戦がその筆頭であろう。6月といえば、日本では初夏だが、フランスでは6月上旬はまだ晩春。フランスの夏は6月21日の夏至の日から始まる。"春"から"夏"に向かうヨーロッパの6月は、より一層、緑豊かになり、模型の塗装＆ウェザリングも明るめに。特にディオラマ栄えする季節なので、作例もディオラマとして製作した。

Dデイと製作イメージ

　1944年6月6日のいわゆる"Dデイ"、連合軍は反攻作戦"オーバーロード"を発動、北フランスのノルマンディーに上陸を開始しました。それは戦史上、最大規模の上陸作戦で、Dデイ開始後11日までに延べ326,547名の兵員、54,187両の軍用車両、104,428tもの物資が陸揚げされました。

　また、上陸開始に先立ち、上陸後の内地進攻の際に要衝となる場所を確保すべく、数千名のアメリカ・イギリス軍の空挺部隊兵士がパラシュート降下やグライダーによる強襲着陸を行ないました。7月4日には連合軍の兵力は100万名にも達し、対するドイツ軍は戦闘で消耗し切った数師団という状況でした。

　ディオラマの製作に際して、再現したい情景（地勢や植生……）をイメージするために上空からの衛星写真や航空写真はかなり有効です。さらに地上（人の目線）から該当する場所を撮影した写真があれば良いのですが、私たちが模型で再現する第一次、第二次大戦などのAFVが戦った場所（戦場）を訪れるというのは、そう簡単なことではないでしょう。

　私は運良く、フランス模型製作協会AMAC35に所属する友人の案内のもと、ノルマンディーの戦地を訪れる機会を得て、実際に自分の目でその場所を見ることができました。当然のこと今回のディオラマ製作に大いに役立ったことは言うまでもありません。皆さんもその際に撮影した写真（P52〜53ページの掲載写真はその一部）を見れば、地勢、地面の色、森の形や色、植生など、ノルマンディー戦のディオラマを製作する際のイメージソースになるはずです。

ドイツ軍車両とディオラマの製作

　ディオラマが持つ空気感というものに対する私のインスピレーションは、ずばりトーチカの中から見える光景です。眼前に着弾する砲兵部隊の砲撃や爆撃機から投下される爆弾、水平線に居並ぶ艦影、上空には数えきれないほどの敵編隊……。作例のディオラマは、それらとは少し趣向を変え、最前線に向かうドイツ軍の車列が渋滞しているシーンを再現しました。ベースは四角形ではなく、丸みを帯びた形状とし、製作前に寸法やレイアウトを検討しました。メインの車両は、タミヤ1/48のシュタイヤー1500A/01とSd.Kfz.251/1 D型を使っています。どちらも非常に良くできており、組み立ては簡単です。作例は、キットのパーツのみで組み立てました。詳しい製作＆塗装方法は写真を交えながら解説していきます。

使用したタミヤ1/48キット

タミヤ1/48のドイツ大型軍用乗用車シュタイヤー1500A/01。出来が良いので、作例はキットのパーツのみでストレートに組み立てている。シートや幌、タイヤなどは取り外せるように未接着。

同じくタミヤ1/48MMシリーズのハノマーク装甲兵員輸送車D型シュッツェンパンツァー。早い話が、Sd.Kfz.251 D型。車体の上下パーツなどは、インテリアを塗装した後に接着するため、塗装前はこの状態に。

シュタイヤー1500A/01の塗装工程

〔工程1〕塗装前にサーフェイサーを塗布

塗装前にタミヤのファインサーフェイサーを塗布する。缶から直接吹くのではなく、溶剤で希釈したものをエアブラシで吹いた。缶で吹くよりもエアブラシで薄く吹いた方がきれいに塗布できる。模型表面の仕上がりをチェック、さらにペーパーをかけて表面を均しておくことも忘れずに。

〔工程2〕"B&W"でプレシェーディング

タミヤアクリルのXF-1フラットブラックとXF-2フラットホワイトを使った"B&W"テクニックを使って、プレシェーディングを行なう。明暗調色したダークグレー～ライトグレーの数色とホワイトで影とハイライトを付ける。"B&W"塗装方法は前ページ参照。

フロント上面、ドア上部などハイライトを入れる箇所は、ライトグレー～フラットホワイトで明るくする。

車体下部や奥まった部分、凹んだ部分などもっとも暗くする箇所は、黒に使いダークグレーを残す。

プレウェザリングとして筋状の汚れの下地をこの段階で入れておく、

〔工程3〕車体色を塗装する

ドゥンケルゲルプの車体色は、タミヤアクリルのXF-60ダークイエローにXF-2フラットホワイトとXF-3フラットイエローを混ぜて調色。X-20A溶剤で70%薄めたものをエアブラシで薄く、数回吹いていく。"B&W"のプレシェーディングが薄らと残るように塗布すれば、ゼニタル・エフェクトに似た色調効果を容易に表現することができる。

〔工程4〕シートと幌を塗装する

垂直面は、中間色のブラウンで塗る。

奥まった箇所は、もっとも暗い色調になる。

上部は明るいブラウンで塗装。

中央に自然なグラデーションを付け、もっとも明るい上部から下に行くにつれ、徐々に暗くなる感じで。

シートは、XF-3フラットイエロー、XF-7フラットレッド、XF-64レッドブラウンを混ぜ、明暗色調を変えた色で塗装。背面上部と座面前部を明るいブラウン、背面下部と座面の奥を暗いブラウンで塗っている。

幌は、XF-65フィールドグレイに少量のXF-2フラットホワイトを加えた色で塗装。こちらも明暗色調を変え、上部は明るく、下部は暗い色で塗装した。

シートと幌を車体に組み込み、色味を確認。

AKインタラクティブのUniform Definition Filter Set（ユニフォーム用フィルター塗装セット）のAK3017グリーングリーゼを使って幌を、AK3018ブラウングリーゼでシートをフィルタリングする。

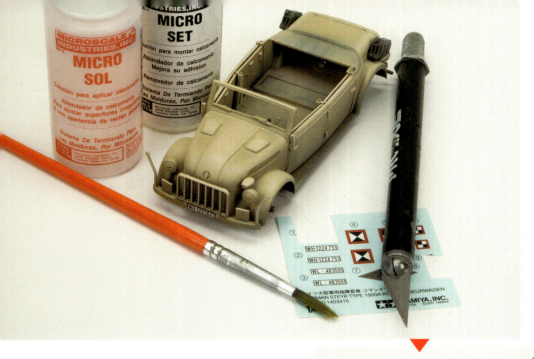

〔工程5〕デカールを貼る

キット付属のデカール（フロントとリアのナンバー）を貼る。この作業には、マイクロスケールのデカール軟化・定着剤マイクロセットとマイクロソルを使った。日本国内で入手しやすいGSIクレオスのMr.マークソフター、Mr.マークセッターでも良い。

〔工程6〕チッピングを施す

AKインタラクティブのAK711チッピングカラーを使って、塗料が剥がれてその下の金属地が露出した状態を表現した。筆先が異なる筆やスポンジを使って場所に応じたチッピングを入れていく。この後のウォッシングやフィルタリング作業の前にこの段階で全体にタミヤアクリルのX-22クリヤーを全体に吹き、ここまでの塗装表面を保護しておく。

乗員が触れるドアの上部やハンドルもチッピング箇所。

乗員の靴で擦れるサイドステップはもっとも色落ちが激しい部分。

フェンダーやジェリカンラックのエッジなどは激しく。

〔工程7〕油彩でスミ入れを行なう

油彩のローアンバー（作例はウィンザー＆ニュートンの554）とランプブラック（タイタンの84）を適度に混ぜ、ホワイトスピリット（油彩希釈溶剤ペトロール）で充分に薄めたものを筆に付け、パネルライン、ディテール周囲、凹み部分にスミ入れ（ピンウォッシング）を行ない、モールドやディテールを強調、さらに車体の汚れも表現した。

〔工程8〕油彩でフィルタリングを行なう

日差しや雨などにより車体色が退色した感じを出すには、油彩を使ったフィルタリングが効果的。模型の表面に油彩のホワイト、ブルー、オレンジ、ローアンバーなどを点付けし、数分たってから油彩用のシンナーを含ませた柔らかな筆で点付けした油彩を伸ばしていき、退色による微妙な色調の変化を表現した。

〔工程9〕筋状の汚れを表現

既にプレウェザリングで縦方向の筋状の汚れを入れているが、ここでさらにファレホのアクリル塗料、70941 バーントアンバーと70976 バフを希釈したものを細筆に付け、流れ落ちた泥汚れや雨垂れの跡など筋状の汚れを表現していく。

〔工程10〕仕上げる

個別に塗装したシート、幌、タイヤを取り付ける。最後に車体を始め、シートや幌、ジェリカン、タイヤに汚しを加えて仕上げる。

Sd.Kfz.251 D型の塗装工程

〔工程1〕インテリアパーツにサーフェイサーを塗布

まず、インテリアと個別に塗装するタイヤなどにタミヤのファインサーフェイサーを塗布。エアブラシで薄く、数回かけて吹き、乾燥後は、ペーパーをかけて表面を均す。

〔工程2〕インテリアを塗装する

インテリアは車体色のドゥンケルゲルプなので、タミヤアクリルのXF-60ダークイエローをベースにXF-2フラットホワイトとXF-3フラットイエローを加え（前ページのシュタイヤーの場合よりは濃く）調色した色を塗布した。

シートを塗装。操縦席はレッドブラウン。後部の木製兵員用シートは、AKインタラクティブのAK782バーニッシュウッドとAK778フレッシュリー・カットティンバーなどで塗装し、同社ウッド用ウォッシングで仕上げた。

機関銃及び機銃架などの外装パーツや足周りのパーツを取り付ける。車幅表示棒は完成後の見映えが良くなるアベールの金属パーツに変更した。

〔工程3〕車体上下パーツを接着する

インテリアの塗装を終えた後、車体上下を接着。接着剤が内側にはみ出したり、流れて塗膜を痛めないように注意。作例では、乾燥が遅いタイプの接着剤を使用した。

〔工程4〕車体にサーフェイサーを塗布

インテリアをマスキングでしっかりとカバーした後、タミヤのファインサーフェイサーを車体全体に吹いた。

インテリア内にサーフェイサーが入らないように隙間なくマスキングする。

サーフェイサーが乾いた後、ペーパーをかけ、表面をきれいに均しておく。

側面や前面、後面は上部を明るくし、下に行くにつれ暗くする。この段階で筋状のプレウェザリングも入れておく。

上面の各パネルやエッジはもっとも明るくする箇所。

〔工程5〕"B&W"でプレシェーディング

"B&W"テクニックを使って、プレシェーディングを行なう。XF-1フラットブラックとXF-2フラットホワイトを調色し、明暗色調を変えたダークグレー〜ライトグレー数色とホワイトでシェーディング。

〔工程6〕車体色を塗装する

車体色のドゥンケルゲルプは、タミヤアクリルのXF-60ダークイエローをベースにXF-2フラットホワイトを混ぜ、前ページのシュタイヤーよりは暗めに調色している。X-20A溶剤で70%薄め、"B&W"のプレシェーディングが薄らと残るようにエアブラシで吹いていく。そうすれば、自然な感じの明暗色調効果を表現できる。

49

〔工程7〕迷彩を施す

迷彩色のオリーフグリュンは、XF-67NATOグリーンにXF-57バフ、XF-2フラットホワイトを混ぜた色を使用。迷彩色も充分に希釈し、薄く塗布することでプレシェーディングを活かした明暗付けができる。

〔工程8〕足周りに汚しを入れる

タミヤアクリルのXF-57バフとXF-72茶色（陸上自衛隊）を混ぜた色を車体下部、転輪、履帯に薄く吹き、泥汚れを表現した。ノルマンディー地域の土（52～53ページの写真参照）は、赤みがない茶色。この場合、XF-52アースは、少し赤みを帯びているので使用しない。

〔工程9〕デカールを貼る

デカールはタミヤのキット付属の車両ナンバー（工程8の泥汚しの前に貼っている）とアーチャー製ドライデカールの国籍標識を使った。

〔工程10〕チッピングを施す

塗料が剥がれてその下の金属地が露出した状態のチッピングには、AKインタラクティブのAK711チッピングカラーを使用。細筆と小さなスポンジを使ってチッピングを表現する。作業完了後にここまでの塗装表面を保護するためにタミヤアクリルのX-22クリヤーを全体に吹いておく。

大きな箇所や細長いチッピングは筆を使用。

小さな点状のチッピングはスポンジを使って表現。

〔工程11〕油彩でスミ入れを行なう

油彩のローアンバー（作例はウィンザー＆ニュートンの554）とランプブラック（タイタンの84）を混ぜ、ホワイトスピリット（ペトロール）で希釈し、スミ入れ（ピンウォッシング）する。スミ入れは、パネルライン、ディテール周囲、凹み部分などに行なうが、場所によって色調や濃度を変え、単調にならないようにする。

〔工程12〕油彩を使ってフィルタリング

油彩を使ってフィルタリングを行ない、退色した感じを出す。模型の表面に油彩のホワイト、ブルー、オレンジ、ローアンバー、グリーン、セピアなどを点付けし、数分たってから油彩用のシンナーを含ませた柔らかな筆で油彩を伸ばす。作例は、戦場で酷使された車両らしくするため少し強めにフィルタリングしている。

〔工程12〕完成

最後に全体のツヤを抑えて完成させる。

"B&W"テクニックでプレシェーディングを行ない、その上に車体色を塗布。基本色を薄く数回吹くだけで、色調に明暗が付き、ゼニタル・エフェクトに似た効果を出すことができる。

戦場で酷使された車両らしくするためにチッピング、フィルタリングは強めに表現した。

車体下部や足周りの汚れは、明るめのダークブラウン。赤みを帯びた色にならないように注意。

ノルマンディーの戦跡を巡る

■撮影：ホセ＝ルイス・ロペス＝ルイス

北フランスのノルマンディー地方。70年以上前にこの地で第二次大戦の趨勢を決する激戦が行なわれたとは思えないほど風光明媚なところだ。未だに残る頑丈な砲台やトーチカ、さらに記念碑や墓標、わずかな車両の残骸などがそうした歴史を我々に伝えている。ここに掲載した写真は、フランス模型製作協会AMAC35の友人による案内のもとノルマンディーの戦地を訪れた際に撮影したもの。北フランスの春～夏はこんな感じだ。植生や地勢など、ノルマンディー戦のディオラマ製作の参考にしてほしい。

ノルマンディー戦に関する有名な観光名所の一つ、サント＝メール＝エグリーズのノートルダム・ド・アソンプション教会（一般的な観光ガイド本にも記載）。尖塔にはアメリカ第82空挺師団のジョン・スティール二等兵を模した兵士の人形がぶら下げられている。

指揮所用トーチカ（ブンカー）。

ユタ・ビーチ地区（Crisbecq）にある破壊された沿岸砲トーチカ跡。ダミーの砲身が設置されている。

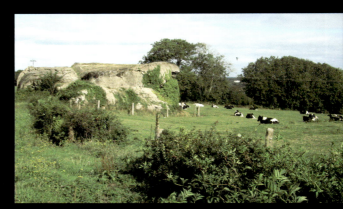

内陸に造られた砲兵観測トーチカ。

サン・マルクフの砲兵陣地跡。

同砲兵陣地跡を間近に見たところ。

典型的なノルマンディーのボカージュの光景。

こちらはボカージュの放牧地域の光景。

アメリカ陸軍第4歩兵師団が上陸したユタ・ビーチ。複数のトーチカ跡が確認できる。

ユタ・ビーチの東側。当初の予定と異なり、上陸ポイントが東に2kmずれたことが幸いし、上陸部隊5管区の内、このユタ・ビーチがもっとも被害が少なかった。この地に連合軍兵士2万3,000名が上陸を果たした。

アメリカ陸軍第1歩兵師団の上陸地となったオマハ・ビーチ。ノルマンディー上陸作戦においてもっとも多くの死傷者を出し、その数、2,500〜4,000名と言われている。あまりの死傷者の多さから"ブラッディ・オマハ"（血まみれのオマハ）と呼ばれた。

ドイツ軍陣地付近からオマハ・ビーチを見る。ドイツ軍にとって下方に広がる海岸から上陸して来るアメリカ兵たちは格好の射撃目標になったことが分かる。

オマハ・ビーチ攻略の重要ポイントとなったポワント・デュ・オック（オック岬）に設置されたドイツ軍のトーチカ。

ポワント・デュ・オックのトーチカ内部から外を見た光景。同岬の攻略はアメリカ陸軍第2レンジャー大隊が担当した。その激しい戦闘は、米映画『プライベート・ライアン』の冒頭で描かれている。

ロング・シュ・メール要塞の15.5cm沿岸砲。ノルマンディー戦の戦跡巡りでの重要ポイントとして人気がある。

アロマンシュに造られた連合軍の人工港（桟橋）。このすぐそばにアロマンシュ上陸博物館がある。

ディオラマベースの製作

〔工程1〕基本のベースを作る

ディオラマのベースは、ベニヤ板にコルクボードを貼り付けて基本的な地形を作製。コルクボードは加工、接着しやすいので、こうしたベース作りには最適の素材と言える。木や1/48スケールのスピットファイアの主翼パーツなどを置き、大まかなレイアウトを決定する。

〔工程2〕ベースを形作っていく

アスファルト道路の部分には、薄いコルクシートを貼り付けた。コルクシートなら、道路のひび割れも簡単に再現できる。こうした道路の写真を見ると、大抵ひび割れは道路端に沿って入っている。

道路は薄いコルクシートを貼って作る。

アスファルトのひび割れを再現。コルクシートなら容易に加工できる。ひび割れもリアルさに拘りたい。ひびの入り方は、実際の道路を参考にすると良い。

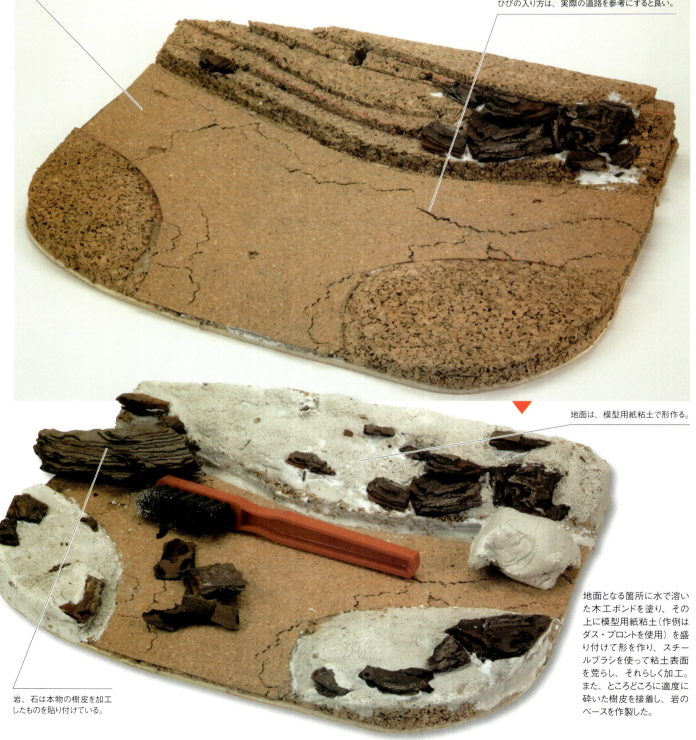

地面は、模型用紙粘土で形作る。

岩、石は本物の樹皮を加工したものを貼り付けている。

地面となる箇所に水で溶いた木工ボンドを塗り、その上に模型用紙粘土(作例はダス・プロントを使用)を盛り付けて形を作り、スチールブラシを使って粘土表面を荒らし、それらしく加工。また、ところどころに適度に砕いた樹皮を接着し、岩のベースを作製した。

〔工程3〕ベースを塗装する

まず最初にタミヤの情景テクスチャーペイントを塗布。地面には同ペイントの〔土 ダークアース〕を、また道路には〔路面 ダークグレイ〕を塗布した。

タミヤアクリルのXF-72茶色（陸上自衛隊）、XF-57バフ、XF-1フラットブラック、さらにグレー系の色を使って、ベースを塗装する。土の色は、シュタイヤーとSd.Kfz.251の車体下部に塗布した泥汚れと色調、質感を合わせておくことが大事。

地面はXF-72茶色（陸上自衛隊）とXF-57バフを混ぜた色で塗装。後でセッティングする車両の車体下部に施した泥汚れと色調、質感を同じにする。

XF-1フラットブラックを薄く吹き、道路に明暗色調変化を付ける。

石、岩はグレー系色などで塗装。明暗色調変化や影付けを行なう。

〔工程4〕ピンウォッシングする

タミヤエナメルのXF-1フラットブラックとXF-52フラットアースを混ぜ、溶剤で充分に希釈した色を使って、ピンウォッシング（スミ入れ）を行ない、凹凸やディテールを強調する。場所によって色調を変えた塗料を使う。

草は、同じものばかりではなく、さまざまな種類を使ったり、塗料でリタッチし変化を付けるのがポイント。

〔工程5〕草や木を植える

シルフロー社やウッドランド・シーニックス社、ミニチュア社などのディオラマ用素材の草や花を使用。少しずつ様子を見ながら植え付けていった。

ところどころ高さがある木を植えた。リアルな感じを損なわないように様々な植物を適度に植えていく。実際の風景写真を参考にすると良い。接着はすべて木工ボンドを使った。

木は、本物の小枝などを使用。シルフロー社の葉を適度な大きさにカットして、木工ボンドで小枝に接着する。葉はそのままでは色みが単調なので、タミヤのアクリル塗料で色に変化を付ける。まず、XF-67 NATOグリーンでの色付けに始まり、同色にX-8レモンイエロー、XF-2フラットホワイト、XF-57バフなどを混ぜ、グリーン色の葉に変化を付けていく。

木工ボンドを使って、自作した木を取り付ける。こうした大きな木は、限られたスペース内にバランス良く配置することがポイント。高さのあるものを配置することによって、空間的な広がりが増し、ディオラマをより大きく見せる効果がある。

〔工程6〕ベースを仕上げる

XF-57バフとXF-2フラットホワイトを混ぜ、充分に希釈した色をエアブラシを使って、道路上に薄く吹き砂埃を表現。さらに明るく調色した色で道路に付いた轍も描き、田舎道らしさを表現した。

側溝に流れる水は、ファレホのスティルウォーターを使って表現。アクリル塗料のブラウンをほんの少量加え、少し泥で濁った感じを出した。

57

完成したディオラマ

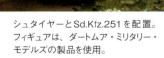

シュタイヤーとSd.Kfz.251を配置。フィギュアは、ダートムア・ミリタリー・モデルズの製品を使用。

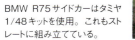

BMW R75サイドカーはタミヤ1/48キットを使用。これもストレートに組み立てている。

"春〜初夏"らしく草花が咲き、木々も緑鮮やか。砂埃や土は明るく乾いた感じに仕上げた。車両や兵士の足下に付着した土、泥汚れは、ディオラマの土や泥の色調と統一する。

【使用キット】
■ドラゴン1/35 OT-34/76中戦車 1943年型 第112工場（品番6614）
■ Dragon 1/35 OT-34/76 Mod.1943 No.112 Factory

SUMMER
夏〔製作1〕 1944年6月下旬

バグラチオン作戦のOT-34火焔放射戦車

"夏"のイメージは、人それぞれ。長期休暇に海、ビーチ、山々……。夏季は冬季と並び、兵士にとっても車両にとってももっとも過酷な時期だ。東部戦線も夏は暑く、そしてかなり砂埃っぽい。それゆえ、ダスティングとウェザリングはかなり強くする必要がある。

もう一つのDデイ、バグラチオン作戦

1944年には第二次大戦の趨勢に大きく影響を及ぼした2つのDデイがありました。ひとつは、前ページの6月6日のノルマンディー上陸作戦、そしてもうひとつは6月22日にソ連軍がベラルーシにおいて開始した最大規模の夏季反攻作戦"バグラチオン"です。作戦名の"バグラチオン"は、かつてナポレオンとの戦いで名を馳せた将軍の名前に由来しています。

ドイツ軍のソ連侵攻からちょうど3年後の1944年6月22日、ソ連軍はバグラチオン作戦を発動。ドイツ軍のソ連軍反攻地点の予測が外れていたこともあり、ソ連軍はミンスクを奪還、5週間で約730kmを進撃、ワルシャワ近郊まで兵を進めることに成功。一方、ドイツ軍中央軍集団は20個師団以上を失い、バグラチオン作戦の成功は、その後のソ連軍の勝利を決定付けることになりました。

製作アイテム選び

バグラチオン作戦には、ありとあらゆるソ連軍車両が投入されました。その中のひとつにT-34をベースとした火焔放射戦車OT-34があります。OT-34は、車体及び砲塔そのものの形状は変わりませんが、前部機銃を取り外し、火焔放射器を搭載。それに伴い、車体内前部の無線機位置を変更し、燃料タンクが増設されていたことなどが特徴です。火焔放射器の有効射程は約90mでした。最初に造られた1941年型をベースとしたOT-34は、ATO-41火焔放射器を搭載していましたが、1942年型からはATO-42が搭載されています。

T-34はあまりにも有名な戦車なので、模型誌でも頻繁に製作記事が掲載されていますが、OT-34が取り上げられることはほとんどありません。そこで、"夏"塗装の製作例としてバグラチオン作戦に参加したOT-34を選んでみました。

OT-34の製作

キットは、ドラゴン1/35の『OT-34/76中戦車1943年型 第112工場』を選びました。このキットは、ディテールの再現性も高く、非常に良い出来です。しかし、組立説明書にパーツ番号の誤記や接着位置が分かりにくいところが見られます。資料（T-34好きは必携の洋書『T-34 MYTHICAL WEAPON』など）を参考に組み立てると良いでしょう。

キットをそのまま組み立てても問題ないのですが、作例は、ダメージ跡の再現など若干手を加えてみました。右側のフロントフェンダーに凹みを表現、左側のフェンダーはフロントが欠損した状態とし、サイドフェンダー前部にはミグ・プロダクションのレジン製工具箱を追加。車体前部の機銃（火焔放射器）マウント周囲の溶接跡を作り直しています。また、ヘッドライトと履帯の雪上用滑り止めは、他社のパーツを使用。履帯はフリウルの『T-34/85』（品番ATL-09）に交換しました。フリウルの連結式履帯は、リアルな弛みが再現できるだけでなく、金属製なのでウェザリング、ウォッシングを激しく行なってもパーツが欠けたり、履板がバラバラに外れてしまうこともありません。

ソ連軍戦車の基本色4BOについて

第二次大戦ソ連戦車の基本色に関しては、

どんな色調だったのか、よく議論が交わされます。当時のソ連戦車の写真はほとんどがモノクロなので、正確な色の断定は困難です。1938年以前のソ連軍車両には、"3Bグリーン"と呼ばれる、ダークオリーブグリーンが使われていました。しかし、独ソ戦の頃には4BOプロテクティブグリーンが使われるようになり、同色は終戦までソ連軍車両の基本色として用いられました。この4BOは、イエローオーカーとホワイト、ディープブルーを混ぜた色と言われていますが、その色調は塗料の原料を薄める際に用いるシンナーやソルベントの種類、それらを加える割合、さらに塗り重ねる層の回数などにより異なりました。

模型塗料で4BOプロテクティブグリーンを再現するには、

○ハンブロールのエナメル塗料の場合＝117 USライトグリーン
○ライフカラーのアクリル塗料の場合＝UA001ダークグリーン
○タミヤのアクリル塗料の場合1＝XF-2フラットホワイト＋XF-61ダークグリーン＋X-3ロイヤルブルー＋X-8レモンイエロー＋XF-13濃緑色（混合比1:2:1:3:2）
○タミヤのアクリル塗料の場合2＝XF-60ダークイエロー＋XF67 NATOグリーン（混合比1:1）
○タミヤのアクリル塗料の場合3＝XF-61ダークグリーン＋XF-5フラットグリーン＋XF-8フラットブルー＋XF-13濃緑色（混合比11:4:4:1）

○AKインタラクティブのアクリル塗料の場合＝4BOロシアングリーン・スペシャルモジュレーション・セット
○GSIクレオスMr.カラーの場合＝C136ロシアングリーン（2）

などがありますが、作例では、タミヤのXF-73濃緑色（陸上自衛隊）＋XF-74 OD色（陸上自衛隊）＋XF-60ダークイエローを9:9:2で混ぜた色を使用しました。

塗装前にメタルプライマー、そしてサーフェイサーを吹いた後、プレシェーディング。基本色を塗布し、ウェザリングを行ないました。

塗装前の状態

ドラゴン1/35のOT-34は、第112工場製1943年型ベース車両を再現。ディテールの再現性は高く、出来は申し分なし。作例は、フェンダーにダメージ跡を再現。ミグ・プロダクションのレジン製工具箱を追加し、ヘッドライトと履帯の雪上用滑り止めは他社のパーツに、履帯はフリウルの金属製連結式に交換した。

OT-34の塗装工程

〔工程1〕金属パーツにプライマーを塗布

エッチングパーツなど金属部分にGSIクレオスのMr.メタルプライマーを塗る。

〔工程2〕塗装前にサーフェイサーを塗布

メタルプライマーが乾いたら、タミヤのファインサーフェイサーを吹く。乾燥後にペーパーをかけて表面をきれいに均す。

この段階で雨垂れ跡などの筋状の汚れ（下地となる）も付けておく。

各パネルやディテールなどの周囲に塗布。

傾斜装甲は下部に行くにつれ、徐々に暗くする。

凹凸部分や奥まった場所はしっかりと影付けしておく。

〔工程3〕プレシェーディングを行なう

各パネルや凹み、ディテールなどの周囲、奥まった部分、車体下部など影になる箇所にフラットブラック（作例は水性ホビーカラーH12を使用）を吹く。塗料はMr.カラー薄め液で充分に希釈し、エアブラシで薄く数回に分けて塗布していく。この作業により車体色に明暗変化とともにボリュームが付く。

さらにこの段階で雨垂れ跡などの筋状の汚れ（下地となる）も付けておく。

〔工程4〕チッピングを施す1

最初にダメージ加工部分と大きく塗料が剥がれた跡（チッピング）を表現したい箇所の周辺にXF-9ハルレッド＋XF-7フラットレッドを混色したチッピング色をエアブラシで塗布する。ここでも充分に薄めた塗料を使用。
乾いたら、その表面にアモのチッピング・フルーイド（塗料剥がれ表現液）を塗布する。

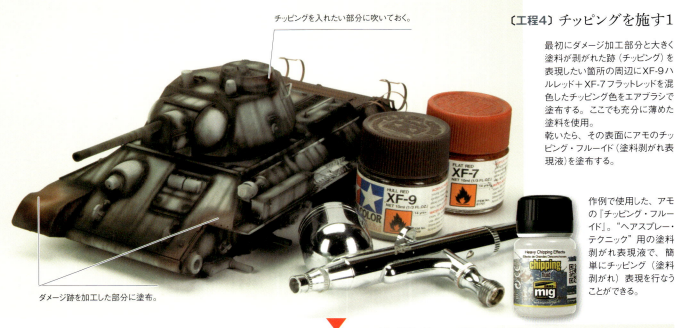

チッピングを入れたい部分に吹いておく。

ダメージ跡を加工した部分に塗布。

作例で使用した、アモの『チッピング・フルーイド』。"ヘアスプレー・テクニック"用の塗料剥がれ表現液で、簡単にチッピング（塗料剥がれ）表現を行なうことができる。

ソ連戦車の車体色（基本色）4BOプロテクティブグリーンは、タミヤアクリルのXF-73濃緑色（陸上自衛隊）＋XF-74 OD色（陸上自衛隊）を混ぜた色を使用。前工程でチッピング色を塗布した部分に上に4BO色を吹く。15分くらい乾かせた後、チッピングを表現したい箇所の4BO色を爪楊枝やピンセットの先、歯ブラシ、毛先が固い筆などを使って慎重に剥がしていく。

乗員が頻繁に触るハッチ周辺はもっとも色落ちが多い箇所のひとつ。

前工程で塗布したチッピング色。

いわゆる"ヘアスプレー・テクニック"で、4BOを剥がし、下地のチッピング色を出した。

上塗りした基本色4BOプロテクティブグリーン。

〔工程5〕車体色を塗装する

前工程のチッピング部分を避け、XF-73濃緑色（陸上自衛隊）＋XF-74 OD色（陸上自衛隊）の4BOプロテクティブグリーンを全体に塗布。エアブラシを使い、溶剤で充分に希釈した4BO色を数回にわたって重ね吹きしていけば、おのずとプレシェーディングを活かした明暗色調付けができる。

XF-73濃緑色（陸上自衛隊）＋XF-74 OD色（陸上自衛隊）で混色した4BOプロテクティブグリーンを全体に塗布。

工程4のチッピング部分を避けて吹いていく。

薄く塗布すると、工程3のプレシェーディングにより色調の変化付けとともに筋状のプレウェザリングも活かすことができる。

各部の上面に塗布。上面板やハッチ、パネルの中央に吹き、周囲は下地色を薄らと残す。

〔工程6〕ハイライトを入れる

前工程のXF-73+XF-74を混色した4BO色にXF-60ダークイエローを少量加え、色調を明るくした色でハイライトを入れる。ここでも塗料は充分に薄め、エアブラシを使って吹く。各部の上面部分（周囲には下地色を残す）や傾斜装甲の上部に塗布することで、車体色にボリュームが出る。

傾斜装甲は上部にハイライトを入れ、下に行くにつれ、自然な明暗のグラデーションが付くように。

ピンポイントでハイライトを入れる箇所1
小パーツ、突起物の上面。

小パーツやディテール（ボルトやヒンジ、小突起物）などの上部のハイライトはエアブラシで入れるのは無理なので、筆塗りでハイライトを付ける。この作業では、アンドレアカラーのNAC06オリーブグリーンとファレホのモデルカラーの978ダークイエロー、918アイボリーを調色したもので塗装した。

ピンポイントでハイライトを入れる箇所2
ボルトや跳弾板などの表面。

ピンポイントでハイライトを入れる箇所3
視察孔や手摺りの上部

〔工程7〕マーキングを描く

砲塔側面の戦術ナンバーは筆で再現。作例では、ファレホの951ホワイトを使って描いた。写真資料などを参考にゆっくり、ていねいに描いていく。ソ連戦車の戦術ナンバーは、かなり雑に描かれているので、多少の筆ムラやはみ出し、かすれは気にしなくてもOK。むしろそのほうが逆にリアルに見える。

〔工程8〕チッピングを施す2

車体及び砲塔に細かなチッピングを入れていく。まず、浅い擦り傷や引っ掻き傷（スクラッチ）は、車体色よりも明るい色で描く。作例では、アンドレアカラーのNAC06オリーブグリーンとファレホのモデルカラーの978ダークイエロー、パンツァーエースの313ステンシルを調色。場所によって車体色の明暗が異なるので、その色調に応じて明度を調整したハイライト色を使う。また塗料が剥がれ、金属の地色が露出している部分は、モデルカラーの950ブラックと957フラットレッドを混ぜた色でチッピングを入れた（各部のチッピング、スクラッチ表現は67ページの完成写真を参照）。
チッピング作業完了後、ここまでの塗膜を保護するために模型全体にタミヤアクリルのX-22クリヤーを吹いた。

浅い擦り傷や引っ掻き傷は、車体色よりも明るい色（アンドレアカラーのNAC06オリーブグリーン＋ファレホのモデルカラーの978ダークイエロー＋パンツァーエースの313ステンシル）で描く。

引っ掻き傷（車体色より明色）の中に金属地色を描くことによって、よりリアルな感じとボリューム感を出すことができる。

塗料が剥がれ、金属の地色が露出している部分は、ダークブラウン（モデルカラーの950ブラック＋957フラットレッド）で描いた。

〔工程9〕油彩でスミ入れを行なう

油彩を使ってスミ入れ（ピンウォッシング）を行なう。作例では、ミグ502アブタイルンクのオリーブグリーンとレンブラントのピュアブラックの混色を使用。ウォッシングする場所によって、色調や濃淡を変えること。このスミ入れによって凹部のラインやディテール周囲が強調され、模型がより立体的に見える。

〔工程10〕履帯を塗装する

履帯は、タミヤアクリルのXF-72茶色（陸上自衛隊）＋XF-9ハルレッド＋XF-63ジャーマングレイを1：7：2の割合で混ぜたものをベース色として塗装。その上にXF-9ハルレッド＋XF-3フラットイエローを混ぜ、希釈したものを部分的に吹き、錆びた感じを出した。

〔工程11〕車体下部の泥汚れを表現

車体下部と足周りの泥汚れには、タミヤの情景テクスチャーペイントの〔土 ダークアース〕とマッド・イン・ア・ポットのドライマッド＆グラス（もちろん類似の代用品で良い）を使用。両製品を混ぜて作った泥を筆に取り、車体下部に塗り付けた。乾いた後、希釈したタミヤエナメルのXF-57バフを薄く塗布し、15分くらいたった後、X-20溶剤を含ませた筆で余分なバフを拭き取った。

〔工程12〕ハイライトとウェザリングを入れる

ここでさらに希釈したタミヤエナメルのX-15ライトグリーンとXF-11濃緑色を使って明暗を付ける。まず、明るく調色したグリーンでハイライト部分（各部の上面や砲塔側面、車体傾斜装甲の上部）を、その次に暗くしたグリーンで暗部（砲塔下部や傾斜装甲下部など）をフィルタリング。最後にもっとも暗くしたい部分には希釈したXF-1フラットブラックを使った。

〔工程13〕車体に付着した砂埃を表現

車体と砲塔に薄らと付着した砂埃を表現するため充分に希釈したタミヤエナメルのXF-57バフをエアブラシで薄く吹いた。乾いた後、X-20溶剤を含ませた筆を使って、余分なバフを落としていく。
乾いた後、最後のウェザリングの前にここまでの塗膜を保護、併せて全体のツヤを抑えるためにマラブのマットバーニッシュ（つや消しクリアー）を塗布する。

各部の上面や傾斜装甲の上部に明るく調色したグリーンでフィルタリングする。

砲塔や車体側面の下部など暗くしたい部分は暗く調色したグリーンでフィルタリング。もっと暗くしたい部分にはフラットブラックを使用。

ホワイトスピリットを混ぜたピグメントを使って、砲塔や車体に積った土や砂を表現する。

油彩のアスファルト、ブラック、ローアンバーとメタリック系のピグメントで燃料やオイル、グリースの染み汚れやこぼれた跡を表現。

火焔放射器前部の煤汚れや燃料のこぼれ跡も油彩を使って再現。

履帯滑り止めは、AKインタラクティブのラストカラー（錆色）で塗装。

エッジ部分や手摺り、履帯の接地部分にグラファイト・ペンシルを擦り付けて金属の質感を出す。

ディオラマ用素材の葉っぱを散らして、フェンダーに積った落ち葉を表現。

排気管はラストカラー（錆色）で塗装し、排気煙の煤汚れも付ける。

流れ落ちた燃料、オイル汚れは、油彩のみではなく、ピグメントも混ぜ、土が付着した様子を再現する。

車体下部に付着した泥汚れもテクスチャーペイントやピグメントで再現。

〔工程14〕仕上げのウェザリング

ミグ502アプタイルンクの油彩、バフ、ローアンバー、オーカー、さらにアース系数色を使って部分的にウォッシングし、色調に深みを出す。また、砲塔や車体に積った土や砂は、ホワイトスピリットを混ぜたピグメントを付着させて表現。油彩のアスファルト、ブラック、ローアンバーとメタリック系のピグメントで燃料やオイル、グリースの染み汚れやこぼれた跡、さらに火焔放射器前部の煤汚れや燃料のこぼれた跡も再現。最後にグラファイト・ペンシル（鉛筆の芯でも良い）をエッジ部分や手摺り、履帯の接地部分に擦り付けて金属の質感を表現した。

完成したOT-34のディテール

ゼニタル・エフェクトにより、光が当たる部分の色調は明るく、影になる部分は暗くなる。

"夏"の汚しは、砂埃っぽさを強調、なおかつ乾いた感じに仕上げる。

車体下部に付着した泥汚れは、車体上部に積った土や砂よりは厚めに仕上げる。

SUMMER
夏〔製作2〕
北アフリカ戦線のIV号戦車D型

灼熱の地、北アフリカ。北アフリカ戦線の車両も"夏"のウェザリングと似ている。乾燥した大地、砂埃に覆われた車体、そして強烈な日差しと昼夜の大きな寒暖差による塗料の劣化、車体の退色……。ここでは、ダスティングによる車体に付着した砂埃とフィルタリングによる退色表現が決め手となる。

北アフリカ戦線のドイツ第15装甲師団

　北アフリカ戦線で劣勢にあったイタリア軍を支援するため1941年2月14日にロンメル将軍率いる第5軽師団（後に第21装甲師団となる）と第15装甲師団で編成されたドイツ・アフリカ軍団がリビアのトリポリに到着、イタリア軍に代わってドイツ軍が枢軸軍の主軸となり、以後、エル・アゲイラ、ガザラ、トブルク、エル・アラメイン、ビル・アケム、メドニン……などを転戦し、1943年5月のチュニジアにおける北アフリカ戦終結まで連合軍と激闘を繰り広げます。

　北アフリカ戦を最初から最後まで戦った第15装甲師団の当初の装備は、II号戦車、3.7cm砲や短砲身5cm砲のIII号戦車、そして短砲身7.5cm砲のIV号戦車でしたが、後にIII号戦車は長砲身5cm砲、IV号戦車も長砲身7.5cm砲搭載型が配備されます。第15装甲師団は、圧倒的な物量を誇る連合軍を相手に劣勢ながらも強力なIII号、IV号戦車で奮闘。しかし、1943年5月の枢軸軍の降伏により、同師団も北アフリカの地で消滅することになります。

IV号戦車D型

　北アフリカ戦線の製作例としてIV号戦車D型を選びました。IV号戦車の前身となった支援戦車（BW）の開発は、1935年2月末から始まり、翌1936年の春頃までにラインメタル社とクルップ社の試作車が完成。各種テストの結果、クルップ社の車両が選定され、1936年12月にIV号戦車として制式採用されました。IV号戦車初の量産型となったA型は1937年11月に完成し、1938年5月には装甲の強化とともに実用性を高めたB型が、同年10月にはC型の生産が始まりました。

　そして1939年10月からはIV号戦車初期量産型の決定版ともいえるD型が完成します。D型は、フランス戦から実戦に投入され、1940年10月までに計232両が生産されました。IV号戦車D型は、北アフリカ戦線の第15装甲師団にも配備され、III号戦車とともに同戦線前期のドイツ軍主力戦車として活躍。北アフリカ戦線の題材として打ってつけのひとつです。

ドラゴン1/35 IV号戦車D型の製作

　IV号戦車D型の1/35キットは何種類か発売されていますが、作例は、ドラゴンの『IV号戦車D型"熱帯地仕様"』（品番6779）を使用しました。IV号戦車は私のお気に入りAFVのひとつです。このドラゴンのD型がリリースされた際は、本当にうれしく思いました。このキットは、

【使用キット】
■ドラゴン1/35 IV号戦車D型"熱帯地仕様"（品番6779）
■ Dragon 1/35 Pz.Kpfw.IV Ausf.D Tropical Version

非常に良くできた素晴らしいキットです。組み立ては簡単で、車体及び砲塔各部のディテールも精密に再現されています。

作例は、より完成度を高めるために少し手を加えました。車載工具の固定具に他社エッチングパーツのコの字型クラスプを追加。砲塔の手摺りは金属線で作り替えています。転輪とサスペンションは、ドラゴンのパーツよりもディテール再現度が高いトライスターのパーツに交換。北アフリカ戦線の記録写真を見ると、車体後面上部に荷物ラックを増設しているので、エバーグリーンのプラ板で自作した荷物ラックを取り付けました。

キットの履帯は、DS素材のベルト式です。個人的にビニールやDS素材、プラスチック製の履帯は好きではないので、作例では、フリウルの『Pz. III/IV』（品番ATL-02）に交換しています。フリウルの金属製履帯は、エナメルシンナーでウォッシングしたり、激しくウェザリングを行なってもパーツが欠けたり、連結部分が切れたりする心配もありません。さらに砂漠で酷使された車両らしく見せるために左リアフェンダーは欠損した状態としました。

塗装は、北アフリカ戦線初期の標準的なもので、ドゥンケルグラウの基本色の上にゲルプブラウンを塗布した熱帯地向け塗装です。北アフリカの強い日差しにより退色し、さらに砂塵などによりところどころ塗料が剥がれ落ちた状態を再現しました。塗装及びウェザリングを工程を追って解説していきましょう。

IV号戦車D型の塗装工程

〔工程1〕塗装前のサーフェイサー塗布

エッチングなどの金属パーツ部分にGSIクレオスのMr.メタルプライマーを塗布。乾いたら、タミヤのファインサーフェイサーを吹き、模型表面の傷、隙間、整形処理の不備（接着剤のはみ出しなど）、ゴミや埃の付着などをしっかりとチェック。そのままでは、サーフェイサー表面に多少のざら付きが残っているので、乾燥後にはペーパーをかけて表面をきれいに均しておくことも忘れないように。

〔工程2〕プレシェーディングを行なう

"B&W"テクニックを使用。"B&W"はカラーモジュレーションやゼニタル・エフェクトを簡単に行なえるだけでなく、北アフリカ戦線AFVのような明るい車体色で、激しく汚れた車両の再現に最適な方法といえる。まず、もっとも暗くしたい場所、各パネルや凹み、ディテールなどの周囲、奥まった部分、車体下部など影になる箇所に充分に希釈した黒に近いダークグレーを吹く。次にダークグレーと下地サーフェイサーの境にライトグレーで自然なグラデーションを付けた。

黒に近いダークグレーで各パネルやディテールなどの周囲に濃い影を付ける。

明色から暗色へと自然なグラデーションが付くようにライトグレーを吹く。

〔工程3〕ハイライト入れと下地色の塗装

上面部分や側面の上部などもっとも明るくしたい箇所にフラットホワイトを吹き、ハイライトを入れる。

上面部分や側面の上部などもっとも明るくしたい箇所にフラットホワイトを薄く数回吹き、ハイライトを入れる。これで"B&W"によるプレシェーディングは終了。
次に下地の基本色を塗布する。北アフリカ戦線初期のドイツ軍車両はドゥンケルグラウ（ジャーマングレー、パンツァーグレー）の基本色の上にゲルプブラウンなどのサンド系色を塗布していた。そこでゲルプブラウンの下に部分的に下地の基本色ドゥンケルグラウが露出した状態を再現するため、アクリル塗料を調色し、充分に希釈したジャーマングレーをエアブラシで吹いた。

下地の基本色ドゥンケルグラウが露出した状態を再現したい箇所に調色したジャーマングレーを吹いておく。

〔工程4〕ゲルプブラウンの車体色を塗る

車体色ゲルプブラウンは、アモのDAKカラー、016ゲルプブラウンに少量の050マットホワイトを加え、充分に希釈したものを使用。この塗料を工程3で塗布したジャーマングレーを避け、エアブラシで吹いていく。薄く吹くことにより、プレシェーディングを活かし、ゼニタル・エフェクトやカラーモジュレーション効果を出すことができる。

車体色はアモのゲルプブラウンを使用。北アフリカの強い日差しで退色している感じを出すためフラットホワイトを混ぜ、すこし色調を明るくした。

車体色は薄く吹き重ねていくことにより、プレシェーディングの効果を活かすことができる。

下地の基本色ドゥンケルグラウを出す箇所は色を塗布しない。

〔工程5〕ここまでの塗膜を保護する

まず、ここまでの塗膜を保護するためにシンナーで希釈したアモのグロスバーニッシュ（もちろんタミヤのX-22クリヤーやGSIクレオスMr.カラーのスーパークリアーで良い）をエアブラシを使って塗布した。
この後に行なう車体色ゲルプブラウンのチッピング（塗料の剥がれ表現）には、いわゆる"ヘアスプレーテクニック"を使う。グロスバーニッシュを充分に乾かした後（約1日）、チッピングを行なう下地の基本色ドゥンケルグラウの箇所にアモのチッピング・フルーイド（塗料剥がれ表現液）を吹く。

グロスバーニッシュを吹き、表面の塗膜を保護した後、チッピングを行なうドゥンケルグラウの箇所にアモのチッピング・フルーイド（塗料剥がれ表現液）を吹く。

自然に退色した部分には工程5のままで。

〔工程6〕塗料の剥がれ跡を表現

30分くらいたった後、チッピングを行ないたい箇所のドゥンケルグラウの上に再度、車体色のゲルプブラウン（工程4と同じ色）を吹く。ここで注意することは、色の落ち方に変化を付けること。そのために自然に退色した部分は工程5のまま。擦れたり、引っ掻いたり、さらに砂風、砂塵により塗料が剥がれ落ちた部分のみに塗布する。

擦れたり、引っ掻いたり、砂塵により塗料が剥がれ落ちた部分のみにゲルプブラウンを上塗りする。

上塗りしたゲルプブラウンを15分ほど乾かした後、同色を慎重に剥がしていく。場所や剥がれ方によってピンセットの先端や爪楊枝、あるいは溶剤を浸した綿棒などを使い分けて行なう。言うまでもなく、ピンセットや爪楊枝など先の固いものを使う際は、下地のドゥンケルグラウの塗膜を傷付けたり、剥がしたりしないように要注意。

溶剤を含ませた筆で表現。

ピンセットの先などで塗料を剥がして表現する。

エアブラシ塗装で色落ちを表現する箇所。

車体色ゲルプブラウンのチッピング作業が完了した状態。ところどころ上塗りしたゲルプブラウンが剥がれ、下地の基本色ドゥンケルグラウが見えている状態を再現した。場所によって塗料の落ち方を変えている。

車体前部は、走行時に巻き上げる砂塵や乗員の乗降などにより色落ちが激しい場所。

乗員が頻繁に触れたり、踏んだりするハッチ周辺も色落ちが激しいところ。

〔工程7〕ディテールを塗装し、デカールを貼る

機銃、車載工具、荷物ラック、転輪のゴム、排気管などディテールをアクリル塗料で塗装（この段階ではベース色の塗装のみ）。デカールは、キット付属のものを使用し、デカール軟化・定着剤（作例はマイクロセットとマイクロソルを使っているが、もちろん入手しやすいGSIクレオスのMr.マークソフター、Mr.マークセッターで構わない）を使ってしっかりと貼る。

〔工程8〕車体後面のチッピング表現

工程7で塗装した車体後面の荷物ラックと排気管に"ヘアスプレー・テクニック"を使ってチッピングを行なう。これは、荷物ラックは木製らしく、また排気管・マフラーは錆びた感じを出すための作業。まず、荷物ラックと排気管・マフラーにチッピング・フルーイド(工程5で使用)を塗布する。30分たったら、荷物ラックと排気管・マフラーに車体色のゲルプブラウン(工程4、6と同じ色)を塗布。15分くらい乾かした後、ゲルプブラウンを剥がしていく(工程6〜7を参照)。

荷物ラックは茶系色、排気管・マフラーは錆色で塗装後、チッピングフルーイドを塗布、車体色ゲルプブラウンを上吹き、チッピングした。

錆びた排気管・マフラーの表面に車体色がところどころ残っている感じに。

車体色のゲルプブラウンが剥がれ、木部の下地が露出した感じに仕上げる。

ハッチ内側の頭部保護パッドは革製らしく塗装。

機銃や工具の金属部分は、黒に近いガンメタルで塗り、シルバーでドライブラシした。

〔工程9〕車外装備品を細かく塗装

工程7で塗装した機銃や車載工具、アンテナなどの車外装備品をさらに細かく塗装する。木部は木製らしく、金属部分は金属製らしく見せるのがポイント。

工具などの金属部分は、表面が擦れた(ポリッシュされた)感じに仕上げる。

木製部分は、木目や傷を加えてそれらしく。

転輪の内側は、錆止めプライマーのオキサイドレッド色としてみた。

〔工程10〕スクラッチを描いていく

車体及び砲塔に浅い擦り傷や引っ掻き傷（スクラッチ＝チッピングの1種）を入れていく。工程4、6、8で使用した車体色ゲルプブラウンよりも明るく調色したサンド色を使って描き込んでいく。同じゲルプブラウンでも場所によって明暗色調が異なるので、その辺にも気を付けよう。それぞれに合わせて明るく調色した塗料を使用する。

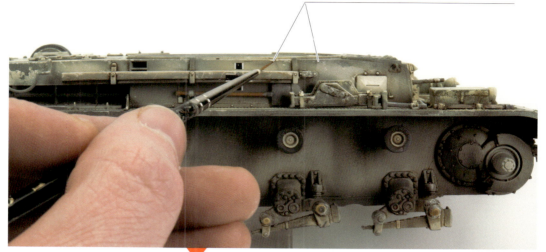

同じスクラッチでもゲルプブラウンの色調に応じて色を変える。

木製のアンテナ収納ケースや荷物ラックなどにはイラキサンドのような明るい色を使用。下地の基本色ドゥンケルグラウの上にも車体色ゲルプブラウンがかすかに残っている感じを出す。これらの作業は、細筆で描き込み、スポンジは使っていない。

木製部分にはゲルプブラウンの色残り！の他にイラキサンドのような明色で引っ掻き傷を加える。

下地の基本色ドゥンケルグラウの表面に残るかすかな上塗り色のゲルプブラウンを表現する。

〔工程11〕スミ入れを行なう

アモのエナメル系ウォッシング液のU.S.現用車両ウォッシュ（品番A.MIG1007）とアフリカ軍団ウォッシュ（品番A.MIG1001）を使って、凹部やパネルライン、溶接跡やリベット、ディテールの凹凸部分などにスミ入れ（ピンウォッシング）を行なう。場所によって、色調や濃淡に変化を付ける。こうしたスミ入れにより、ディテールや凹凸が強調され、完成後の見映えがアップする。

〔工程12〕チッピングを描き込む

スクラッチより深い傷＝塗料が剥がれ、金属の地色が露出している部分は、ダークブラウン（作例はファレホモデルカラーの950ブラック＋957フラットレッドを使用）で描き込んでいく。スクラッチ（車体色より明色の引っ掻き傷）の中にダークブラウンの金属地色を描くことによって、チッピングを立体的に見せることができる。

〔工程13〕油彩によるフィルタリング

油彩は、セピア、ビチューム、ネイプルスイエロー、ローアンバー、スカイブルー、ホワイト、ライトグリーン、オキサイドブラウン、コールドグレー、オレンジ、ランプブラック、ライトレッドを使用。

フィルタリングを行ない色調に変化を付ける。工程11～12で行なったチッピング、スクラッチやスミ入れを違和感なく馴染ませ、さらに汚れや退色した感じも出していく。まず、模型の表面に油彩のホワイト、ブルー、オレンジ、ローアンバーなどを点付けする。場所によって点付けする色を変えていくことが大事。

上面部分は特に日差しが良く当たる箇所なので、退色を強めにすると良い。

車体下部は上部よりも汚れた感じを強調している。

上部は明色、下部は暗色を多めに使うことでゼニタル・エフェクトを高めることができる。

数分たった後、油彩用シンナーを含ませた柔らかな筆で油彩を伸ばしていく。北アフリカ戦線では、強い日差しにより特に退色が激しいので、それを意識して行なう。また、上部は明色を、下部は暗色を多めに使うことによりゼニタル・エフェクトを高めることもできる。車体下部などは汚れている感じを出した。フィルタリングが完了したら、ここまでの塗膜を保護するために模型全体にマットバーニッシュを吹いておく。

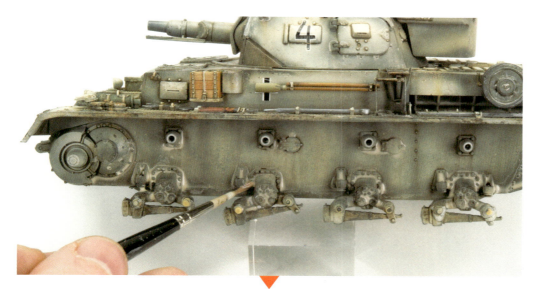

〔工程14〕車体に汚しを施す

アクリル塗料のバフ、ライトマッド、ホワイトを混ぜ、シンナーで充分に希釈した塗料を筆に浸し、車体下部に塗布。余分な塗料は、シンナーを浸した綿棒で拭き取る。

同じく、バフ、ライトマッド、ホワイトなどを混ぜ、希釈した塗料を細筆に浸け、筋状の汚れを付けていく。乾いた土や砂の北アフリカ戦線なので、ピグメントやテクスチャーペイントなどの立体的な泥汚れは付けていない。

汚しが目立ちやすいドゥンケルグラウの部分を中心に汚しを施した。

シンナーで希釈したラストカラー（錆色）で錆びた箇所や錆垂れを表現。

車体上部にも同様にアクリル塗料のバフ、ライトマッド、ホワイトを混ぜ、希釈した塗料で付着した砂埃を表現。水平面や隅、奥まった場所など、特にサンド系色の汚しが目立ちやすいドゥンケルグラウの部分を中心に汚しを施した。さらにアモのライトエフェクトカラー・セットのライトラストウォッシュ（品番A.MIG1004）などを同社のシンナーで希釈したもので錆汚れを表現。その後、個別に塗装した履帯を装着した。

Ⅳ号戦車の塗装＆ウェザリング・ポイント

砂漠の強い日差しにより、上面部分は特に退色が激しい箇所。油彩のフィルタリングで車体色のゲルプブラウンに白っぽさを加える。

デカール表面にも擦り傷や部分的な剥がれ跡（スクラッチ）を付ける。

ハッチ周辺は、油彩の暗色でフィルタリングし、戦場で酷使された（使い込まれた）感じを表現した。

ダークイエローやサンド系色の車両の場合、泥汚れを再現するのは、同系色なのでかなり難しい。それでは、どこに汚しを施せば良いのか？ 実車を見ると、土や砂埃が溜まるのは、水平面や隅、奥まった場所などで、垂直面や可動パーツ表面や乗員が触れる場所にはあまり付着していない。
それらを考慮して、水平面や奥まった箇所で、なおかつサンド系色の汚しが目立ちやすいドゥンケルグラウの部分を中心に汚しを施している。

砂漠の強い風により、上面にも砂埃が溜まっている。

履帯は、XF-57 バフ ＋ XF-72 茶色（陸上自衛隊）で塗装。その上に希釈したラストカラー（錆色）を塗り、接地面などにはガンメタル＋シルバーで金属が擦れた感じを表現。さらに油彩のローアンバー＋ブラックでウォッシング。車体同様にバフなどのサンド系色とラストカラーで汚しを加えた。

車体下部は、バフ、ライトマッドなどサンド系色の塗料による汚しで砂埃っぽさを出している。砂漠なので、ハードな泥汚れなどは施していない。

ゼニタル・エフェクトにより、上部の色調は明るく、下部は暗くなる。

北アフリカ戦線＝砂漠の汚しは、乾いた感じで砂埃っぽさを強調する。

砲塔上面は、退色表現を特に強く。また、ハッチは乗員が頻繁に触れる部分なので、チッピング（塗料剥がれ）を強めに。

積み荷にもウェザリングを施す。汚れ方、積った砂などは車体の汚しと同じ色調・質感にする。

【使用キット】
■タミヤ1/48 ドイツ重戦車タイガーI後期生産型（品番32575）
■Tamiya 1/48 German Tiger I Late Production

AUTUMN
秋〔製作1〕
1944年秋
東部戦線のティーガーI

"秋"のウェザリングは、"春"に似ている。しかし、"秋"は"春"よりも変化が大きい季節だ。夏に似た初秋と冬に移り変わりつつある晩秋とでは、同じ季節であってもウェザリングは異なる。雨が多くなることにより、前線で活動する車両は泥汚れ、雨垂れ跡……などが目立つようになる。

タミヤ1/48のタイガーIを製作

1944年"秋"のヨーロッパの趨勢は、激しくなる一方で、連合軍は東西両側からドイツ本土に進攻しつつありました。西部戦線では、9月にアメリカ、イギリス軍が有名な"マーケット・ガーデン作戦"を実施。東部戦線では10月にソ連第2ウクライナ方面軍がデブレツェンでドイツ軍と激戦を繰り広げています。

私はお気に入りのキット、タミヤ1/48のタイガーIを使って、"秋"の東部戦線車両を再現してみました。タミヤのキットは、精密さと組み立てやすさを兼ね備えた良いキットです。作例は、若干手を加えています。

まず、砲塔上面周囲の溶接ラインをエポキシパテを使って再現。さらに同上面中央のトラベリングロックの固定ボルトが再現されていないので、ピンバイスのドリルを使ってモールドを追加しました。装填手用ハッチの取っ手は銅線で、車長用キューポラの対空機銃架リングはプラ板で作り替え。操縦手／無線手用ハッチと車長用キューポラのペリスコープガード内にはプラ板で作ったペリスコープを追加しています。キットには、機関室上面の吸排気グリルのメッシュカバーは入っていないので、ハウラーのエッチングセット『タイガーI E型』（品番48003）のパーツを使用しました。

車体及び砲塔のツィンメリットコーティングの再現には、タミヤの『ドイツ重戦車タイガーIシリーズ コーティングシートセット』（品番12653）を使用。ツィンメリットコーティングの再現は、ティーガーI後期型では、必須となる作業です。このタミヤのシートは、簡単に貼り付けることができ、プラスチック表面に強力に密着しますが、複雑な形状の防盾への貼り付けは難しいので、防盾のツィンメリットコーティングのみ、昔からの技

法、エポキシパテを使って再現しました。タミヤのコーティングシートは実に優れものです。簡単な作業でリアルに再現できるばかりか、ダメージ加工（コーティングの剥がれ跡）も容易に行なうことができます。

さらに砲身は、アーマースケール1/48の金属製砲身『ティーガーI後期型用砲身』（品番B48-002）に交換。履帯もフリウル1/48の金属製連結式『ティーガー後期型履帯』（品番ATL-4807）に替えています。

塗装＆ディオラマは"秋"の東部戦線

前ページまでの製作例では、"B&W"テクニックなどを用いたプレシェーディングを行なっていますが、ここではそうした特別なテクニックを要するプレシェーディングは行なわず、基本色・迷彩色に明暗色調変化を付けるオーソドックスなやり方で塗装しています。基本塗装での色調変化付け、さらにウォッシング、フィルタリング、ダスティングなどしっかりとウェザリングを施していけば、プレシェーディングなしでも充分にリアルな見た目を再現できます。

ディオラマベースは、自作ではなく、カナダの新メーカー、ブラウンボックス・モデルスの製品を使用しました。戦車が"ダッグ・イン"しているシーンを再現できるレジン製のディオラマベースです。

組み立てが完成したタミヤのタイガーI

タミヤ1/48のタイガーI後期型を製作。

砲塔上面の溶接ラインをエポキシパテで再現した。

ツィンメリットコーティングは、タミヤの別売シートを使用。貼り付けは簡単な優れもの。

吸排気グリルのメッシュはハウラーのエッチングパーツ、履帯はフリウルの金属履帯を使用。

タイガーI後期型の塗装工程

〔工程1〕プライマーとサーフェイサーを塗布

砲身や機関室グリル、ハッチの取っ手などの金属パーツにGSIクレオスのMr.メタルプライマーを塗布した後、模型全体にタミヤのファインサーフェイサーを吹く。缶で直接吹くのではなく、別容器に取り、シンナーで希釈したものをエアブラシで吹くことをおすすめ。
サーフェイサーが乾いたら、模型表面の傷や隙間、修正・整形処理忘れを確認し、さらにペーパーをかけて表面をきれいに均しておく。塗装前のこの一連の作業は極めて重要である。

〔工程2〕基本色ドゥンケルゲルプの塗装

まず、基本色となるドゥンケルゲルプ（ダークイエロー）から塗装する。タミヤアクリルのXF-60ダークイエローを全体に吹く。塗料は溶剤で充分に希釈し、エアブラシを使って薄く数回にわたって吹いていった。その後、XF-60ダークイエローに微量のXF-2フラットホワイトを加え明度を上げた色を車体や砲塔の上面、砲身の上部などに吹き、ハイライトを入れた。

砲身上部にフラットホワイトを加え、明るく調色したダークイエローを吹き、ハイライトを入れる。

砲塔及び車体の各部上面部分にもハイライトを入れる。

〔工程3〕迷彩色オリーフグリュンを塗布する

迷彩色のオリーフグリュン（オリーブグリーン）は、タミヤアクリルのX-58オリーブグリーンに少量のXF-60ダークイエローを加えた色を使用。これも溶剤で充分に希釈し、エアブラシを使って、薄く塗り重ねていく。車体下部と足周りには、泥色としてXF-74茶色（陸上自衛隊）を塗布した。

迷彩色のオリーフグリュンは、タミヤアクリルのX-58オリーブグリーン＋少量のXF-60ダークイエローを塗布。

車体前面及び後面の下部とフェンダーの縁にもXF-74茶色（陸上自衛隊）を吹く。

車体下部と足周りには、XF-74茶色（陸上自衛隊）を吹いた。

〔工程4〕コーティングが剥がれた跡を表現

ツィンメリットコーティングが剥がれ、下地の錆止めプライマー塗料が露出した感じを表現するために、ファレホのアクリル塗料モデルカラー、984フラットブラウンと957フラットレッド、911ライトオレンジを混ぜて作ったオキサイドレッド色をコーティングシート未装着箇所に筆塗りする。

ツィンメリットコーティング表面の軽く擦れる凸部分のところどころも色を付ける。

ツィンメリットコーティングが剥がれ落ちた縁の部分にチッピングを入れる。

ツィンメリットコーティングを塗布している部分のチッピング（表面の擦り傷や塗料が剥がれ、コーティング剤の色が露出している箇所）を表現する。細筆を使って、ファレホの976バフに少量の951フラットホワイトを混ぜた色を使用し、ツィンメリットコーティングが剥がれた縁（前工程でオキサイドレッドを塗布した縁の部分）やコーティングの凸部にチッピングを入れていく。

〔工程5〕チッピングを施す

車体及び砲塔各部に塗料が剥がれ装甲板の金属が露出している状態、チッピングを描く。AKインタラクティブのAK711チッピングカラーを使って、細筆で細かく描いていく。各部分のエッジや突起物の縁、さらに乗員が頻繁に触れるハッチの取っ手やハッチ周囲などは特に色落ちが目立つ箇所といえる。

チッピングは、描く場所や表現の仕方（点状の細かな剥がれなど）によって細筆の他に小さなスポンジも使用する。例えば、軽く擦れる箇所や砂塵に晒されて色落ちした箇所、砲塔上面や車体上面など乗員の靴底で擦れた細かな傷などは、小さなスポンジでの色付けが効果的だ。

〔工程6〕金属が擦れた感じを表現

走行時に履帯と接触し、擦れる部分＝起動輪のスプロケット（歯）、転輪と誘導輪のリム外周をファレホの864ナチュラルスチール＋997シルバーの混色でドライブラシ。金属が擦れてポリッシュされた感じを出した。

〔工程7〕車外装備を塗装する

まず、車載工具の金属部分と牽引ケーブルなど金属パーツは、ファレホのモデルカラー995ジャーマングレーをベース色として塗装。車載工具の木部と砲身クリーニングロッドなどの木製パーツはファレホのパンツァーエース311ニューウッドで塗る。

砲塔側面の予備履帯の塗装には、ファレホ・モデルカラーの984フラットブラウン＋911ライトオレンジ＋957フラットレッドを混ぜた錆色で塗装し、さらに色調を暗くした色で影付けも行なう。

予備履帯は、錆びた感じを出し、色調を暗くした色で影付けも行なう。

車載工具の木の部分は、ファレホのパンツァーエース311ニューウッドで塗装。

デカールは、凹凸だらけのツィンメリットコーティング面に密着させるためにデカール用軟化・定着剤（GSIクレオスのMr.マークソフター、Mr.マークセッターなど）を使って貼り付ける。デカールが乾いた後、クリヤーを吹き、表面を保護する。

牽引ケーブルは、ベース色としてファレホのモデルカラー995ジャーマングレーを塗る。

AKインタラクティブのAK711チッピングカラーを使ってチッピング（塗料が剥がれ装甲板の金属が露出している状態を表現）を施す。剥がれ方が大きなところは細筆で、点状の細かな表現はスポンジを使って行なう。

デカール表面にもチッピングを施す。

車載工具の金属部分もベース色として995ジャーマングレーで塗る。

ファレホの976バフに少量の951フラットホワイトを混ぜた色で表面の擦り傷（スクラッチ）や塗料剥がれなどの軽い表面傷を表現する。

ツィンメリットコーティングが剥がれた跡には、ファレホの984フラットブラウンと957フラットレッド、911ライトオレンジを混ぜたオキサイドレッド色を塗布。

〔工程8〕ディテールをウォッシングする

ここまでの塗膜をしっかりと保護するためにタミヤアクリルのX-22クリヤーをエアブラシで模型全体に塗布する。
クリヤーが乾いた後、油彩のナチュラルアンバーを使って、パネルラインや凹部、突起物、ディテール周囲などをウォッシングした。全体的なウェザリング効果とともにスミ入れ（ピンウォッシング）効果により、ディテールが強調される。
ツィンメリットコーティング車両の場合の注意点は、コーティング部分には色乗せしないこと。ツィンメリットコーティング部分にスミが濃く入ると、（特に1/48スケールでは）模型全体が暗くなってしまうので、同部分はウォッシングの拭き取りによる明暗色付け程度にしておく。

ツィンメリットコーティング部分が暗くならないように、コーティング部分のウォッシングは控えめに行なう。

〔工程9〕油彩によるフィルタリングを行なう

油彩によるフィルタリングを行ない、車体表面の汚れと退色した感じを出す。セピア、ブラック、ホワイト、ネイプルスイエロー、ローアンバー、アスファルト、ブルー、スカイブルー、ホワイト、ライトグリーン、オレンジなどの油彩各色を模型表面に点付けする。数分たった後、油彩用のシンナーを含ませた柔らかな筆で油彩を伸ばしていく。作例は、汚れた感じを強くしたいので、強めにフィルタリングを行なった。

場所によって、使用する油彩の色を変える。

戦場で酷使された感じを出すため、全体的に汚れた感じを強めに表現した。

〔工程10〕車体下部の泥汚れを施す

車体下部及び足周りに付着した泥汚れは、ファレホの情景テクスチャーペイント、ダークアース（品番26.218）にディオラマ用素材や植物の小片などを混ぜたものを使用。泥汚れに変化（深みやボリューム、乾いた感じや湿った感じなどの質感）を付けるために充分に希釈した油彩のナチュラルアンバーやヴァンダイク・ブラウン、ブラックなども加えている。

〔工程11〕金属の質感を表現する

車載工具の金属部分や牽引ケーブルなどを油彩のナチュラルアンバー、ラストレディッシュ（赤錆色）、ブラックなどでウォッシングし、さらに鉛筆の芯（黒鉛）を擦り付けて、金属の質感を加えた。また、チッピングカラーでチッピングを施した箇所（工程5）のエッジ部分などに鉛筆を擦り付けて金属らしく見えるようにしている。

塗料が剥がれ装甲板の金属地が露出した箇所のエッジ部分などにポリッシュされた感じを出した。

車載工具の金属部分や牽引ケーブルに鉛筆の芯を擦り付けて金属らしい質感を出す。

希釈した油彩のアスファルトやナチュラルアンバーを使って、燃料やオイル、グリースのこぼれ跡、染み跡を表現。

油彩やエナメルのフラットブラックなどで排気管の煤汚れなども表現。

車体下部やフェンダー、足周りに付着した泥跳ねは、"スプラッシュ・テクニック"を使った。

〔工程12〕さらに汚しを加え仕上げる

砲塔や車体上面の隅に溜まった土や泥汚れをダストやサンド系カラーのピグメントを使って表現（ピグメントはタミヤアクリルの溶剤X-20Aを使って固着）。さらに"スプラッシュ・テクニック"（平筆の筆先に付けた泥色を弾き飛ばす）を使って、車体下部やフェンダー、足周りに付着した泥跳ねを表現。シンナーで希釈した油彩のアスファルトやナチュラルアンバー、ブラックなどを使って、燃料やオイル、グリースがこぼれたり、染みになった跡、排気管の煤汚れなども表現した。

隅に溜まった土や泥汚れをダストやサンド系カラーのピグメントを使って表現。

タイガーI後期型の塗装＆ウェザリング・ポイント

デカールの表面にも必ず、チッピングやスクラッチを入れる。

戦場で酷使された車両らしく見せるためにウェザリングは、全体的に強くした。日が当たる砲塔及び車体上面は、側面部分よりも明るく仕上げる。

ツィンメリットコーティングの再現には、タミヤの『ドイツ重戦車タイガーIシリーズ コーティングシートセット』を使用。同シートを使用すれば、コーティングが剥がれた跡も簡単に再現できる。

ピグメントを使って、砲塔と車体の上面に溜まった土、泥汚れを表現。

ウォッシングを行なう際、ツィンメリットコーティングの凹部に色が濃く残ると、模型全体が暗くなるので注意。ツィンメリットコーティング面にはウォッシング塗料を付けないで、拭き取りにより色が残るようにした。

車体下部、足周りの泥は、"夏"よりは多めにし、ボリュームを付ける。色調も濃いめに。

車載工具の金属部分や牽引ケーブルは、金属製らしく、工具の柄など木部は木らしく見せる。車体のみならず、車外装備品の質感表現も重要。

ツィンメリットコーティングが剥がれた箇所は下地の錆止めプライマー塗料、オキサイドレッド色に。コーティング表面の塗料剥がれはコーティング剤の色、白っぽいパールサンド色に塗る。

油彩を使って、燃料やオイル、グリースによる汚れ跡を表現。排気管カバーにはチッピングと煤汚れを施す。

泥色を付けた筆先を弾く"スプラッシュ・テクニック"により泥跳ねを表現した。

塗料が剥がれ装甲板の金属地が露出した箇所（ダークブラウンのチッピングカラーを塗布したところ）のエッジ部分などの擦れる箇所にも鉛筆の黒鉛を擦り付けて金属がポリッシュされた感じを出す。

ディオラマベースの製作

〔工程1〕サーフェイサーを塗布する

ディオラマベースは、カナダの新メーカー、ブラウンボックス・モデルスの製品を使用。戦車を置くだけで、ダッグ・インしているシーンを再現できる。このベースは、レジン製なので、塗装前にサーフェイサーを吹いた。

〔工程2〕ベースを塗装する

まず最初にベース色となるタミヤアクリルのXF-72 茶色（陸上自衛隊）を全体に塗布する。その後、XF-2 フラットホワイト、XF-57 バフ、XF-63 ジャーマングレイなどを混ぜた色を部分的に吹いていく。

丸太の柵は、XF-72 茶色（陸上自衛隊）にXF-57 バフを加えて塗装。

履帯下の地面はXF-72 茶色（陸上自衛隊）にXF-2 フラットホワイトを加えた色を使っている。

黒っぽい箇所は、XF-72 茶色（陸上自衛隊）にXF-63 ジャーマングレイを加えた色を塗布。

〔工程3〕細かく塗り分ける

地表に散らばった岩、石などは細筆を使って、グレーやバフを混ぜた色で1個ずつ塗り分ける。

〔工程4〕丸太の柵を塗装する

次に丸太の柵を塗り分ける。キットのモールドをよく見ると、丸太や杭は様々な種類の木で作られたようになっている。そこで、1本1本色を変えて塗装した。さらに新しい木や古くなった木、さらに切り株や割れた箇所も色を変えている。

〔工程5〕油彩によるウォッシングを行なう

油彩のナチュラルアンバーにブラック、ネイプルスイエローなどを混ぜ、シンナーで希釈したもので各部をウォッシング。よりリアルな色調にし、さらにスミ入れ効果によってディテールを引き立たせる。

〔工程6〕戦車を配置、植物を加え仕上げる

タイガーIをベースに固定。さらにジオラマ用素材や植物の小片などを散らした。

ここで大事な点は、地面と履帯との間に隙間が出ないようにすること。さらに地面が泥地の場合は、履帯にも泥を盛り付けて自然な感じに仕上げる。作例では、車体の泥汚れに使用したものと同じファレホのテクスチャー、ダークアースを使った。

ディオラマでは、土の色、地表の状態（乾いているのか、泥地なのか）、さらに植生で季節感を表現することができる。作例は、"秋"らしく。

植物は、ディオラマ用素材メーカーのシルフロー社やウッドランド・シーニックス社、ミニチュア社などの草や花、さらに自然の植物や木の小片を使用。それらを木工ボンドで接着している。

フィギュアはアルパイン1/48の『武装SS戦車兵 将校（頭部2種入り）』を使用。戦車の機関室上面や後方付近には、ヴァーリンデン1/48の弾薬及び弾薬箱、タミヤやプラスモデルのジェリカン、木箱などを配置した。

車体の下の地面は、セラミック・グロスバーニッシュや油彩のブラック、ナチュラルアンバーを使って、泥濘んだ状態に仕上げ、水溜りは、ファレホのスティル・ウォーターを使って再現した。

AUTUMN
Part 3：秋〔製作2〕

■タミヤ1/48 アメリカM10駆逐戦車（中期型）（品番32519）
■ガソリーヌ1/48 U.S.駆逐戦車M36B2ジャクソン・コンバージョンセット（品番GAS48033K）
■Tamiya 1/48 U.S. Tank Destroyer M10 Mid Production
■Gaso.Line 1/48 U.S. Tank Destroyer M36 B2 Jackson Conversion

朝鮮戦争晩秋のM36駆逐戦車

同じ"秋"でも"冬"に近づきつつある晩秋頃は、ウェザリングも強くなる。実際、ヨーロッパや朝鮮半島など高緯度の地域は、晩秋～初冬にかけてよく似ており、"秋"～"晩秋"～"初冬"の特徴付けは難しい。ここでは、朝鮮戦争の晩秋頃のアメリカ軍M36B2駆逐戦車を再現する。

製作アイテム選び

　よく知られた車両であるにもかかわらず、模型の種類が少なく、それゆえあまり模型雑誌で取り上げられない車両は少なくありません。アメリカ軍のM36ジャクソン駆逐戦車もそのひとつではないでしょうか。

　M36は、第二次大戦アメリカ車両の中でドイツ軍のティーガー、パンターを撃破可能な数少ない車両のひとつでした。第二次大戦時、アメリカ軍は、1942年9月からM10駆逐戦車の生産を開始し、1943年3月のチュニジア戦から戦場に投入しました。アメリカ軍にとって初の本格的な装軌式の駆逐戦車となったM10でしたが、ドイツ戦車相手には火力不足でした。ドイツ軍のパンター、ティーガーなどを撃破できる、より強力な主砲を搭載した駆逐戦車の必要性が高まり、M10A1駆逐戦車の車体に50口径90mm戦車砲M3装備のオープントップ式新型砲塔（後期には砲塔上面に装着する装甲カバーを採用）を搭載したM36駆逐戦車ジャクソンが開発されます。

　M36は、1944年10月から生産が始まり、同年末までに1,298両が生産されました。しかし、ドイツ戦車に対抗できる強力な90mm戦車砲装備の駆逐戦車の要望は依然高く、M4A3中戦車の車体にM36砲塔を搭載したM36B1が187両造られた他、1945年5月からはM10駆逐戦車車体にM36砲塔を搭載したM36B2も造られました。M36シリーズは、戦後同盟国に配備され、1950年3月から始まった朝鮮戦争においても使用され、その後もインドシナ戦争、インド・パキスタン戦争、ユーゴ内戦などで使われています。

キット選びと製作

　M36は、1/35スケールではタミヤ、AFVクラブ、アカデミー（M36/M36B1/M36B2）、イタレリ（M36B1）から発売されています。しかし最近、1/48スケール（1/48キットは、製作期間が短縮でき、その分、塗装＆ウェザリングに充分な時間を割くことができる）にハマっている私は、タミヤの傑作キット、M10駆逐戦車にガソリーヌのM36B2コンバージョンキットを組み込んで製作することにしました。

　ガソリーヌのキットは、レジン製の砲塔（内部パーツ、金属製砲身も含む）と車体上部後面パネルがセットされています。しかし、M36B2では標準装備となっていた砲塔上面の装甲カバーのパーツが入っていないので、作例ではプラ板で自作。砲塔各部のフックや取っ手類は

銅線や真ちゅう線で作り替えました。M2重機関銃は、タミヤのパーツを使用し、RBモデルの『United States 12.7mm Browning M2 Barrel』(品番48B48)の金属製銃身やエッチングパーツを用いて、ディテールアップしています。車体は、タミヤのキットを素組みし、ライトガードのみ他社エッチングパーツに交換しました。

M36B2の塗装

M36B2は、生産開始時期(1945年5月)が遅かったため、第二次大戦では使用されず、1950年3月から始まった朝鮮戦争で使用されました。朝鮮戦争では、朝鮮人民軍(KPA)のT-34-85に対抗できる国連軍車両として重宝されたようです。

作例は、そんな朝鮮戦争のM36B2を製作。塗装は、アメリカ軍車両としては珍しい3色迷彩としました。作例では、前のページのタイガーIと同様にプレシェーディングは行なわず、それぞれの車体色に明暗色調の変化を付けるやり方で塗装しています。

組み立て完了時の状態

作例は、タミヤのM10駆逐戦車の車体にガソリーヌのM36B2コンバージョンキットを組み込んで製作。

砲塔はガソリーヌのパーツを使用。砲塔上面の装甲カバーはプラ板で自作し、砲塔各部のフックや手摺り、取っ手類は銅線や真ちゅう線で作り替えた。

M2重機関銃は、タミヤのパーツを使用し、RBモデルの金属製銃身とエッチングパーツでディテールアップ。

車体上部後面パネルはガソリーヌのコンバージョンセットに同梱されているレジン製パーツに変更。ライトガードは他社エッチングパーツに交換した。

M36B2の塗装工程

〔工程1〕プライマーとサーフェイサーを塗布

砲身と機関銃の銃身、ライトガード、手摺り、取っ手など金属パーツにGSIクレオスのMr.メタルプライマーを塗る。メタルプライマーをしっかりと塗布しておかないと、激しくウェザリングを行なった際に金属パーツ部分の基本塗装が剥がれてしまうことが多々ある。
メタルプライマーが乾いたら、タミヤのファインサーフェイサーを塗布。写真では、スプレー缶が写っているが、缶吹きではなく、サーフェイサーを別容器に吹き溜め、それをシンナーで希釈し、エアブラシで薄く吹くことをおすすめする。サーフェイサーが乾いたら、模型表面の傷や隙間、修正・整形処理忘れを確認。さらに目の細かなペーパーをかけて表面をきれいに均しておくことも忘れないように。

〔工程2〕基本色オリーブドラブを塗る

まず、最初にアメリカ軍の基本色オリーブドラブを塗装する。タミヤアクリルのXF-62オリーブドラブに少量のXF-49カーキドラブを混ぜ溶剤で希釈し、エアブラシを使って模型全体に吹いた。その後、色調を暗くした色を車体や砲塔の下部、砲塔内部、奥まった箇所、足周りに塗布し、影付けを行なう。さらに色調を明るくした色を車体や砲塔の上面、砲身と防盾の上部、傾斜装甲の上部などに吹き、ハイライトを入れた。

各部の上面や傾斜装甲の上部に明るく調色したオリーブドラブを吹き、ハイライトを入れる。

上から下へ、自然なグラデーションが付くように明暗色調の変化を付ける。

砲塔や車体の下部、足周りには暗くしたオリーブドラブを塗布し、影付けを行なう。

砲塔側面と手摺りは別々にマスキングすると、手摺り内側の砲塔もきれいに塗り分けることができる。

広範囲のマスキングは、何枚かに分けて行なう。

〔工程3〕迷彩色を塗る

オリーブドラブを残す部分にマスキングテープでマスキングする。凹凸部分や角の隙間など、隙間が生じやすい箇所はしっかりと密着させる。

上面と各部の上部はハイライトを入れ、明るくする。

下部の色調は暗く。

迷彩色のミディアムグリーンから。タミヤアクリルのXF-27ブラックグリーンにXF-62オリーブドラブと少量のXF-43カーキドラブを混ぜ、溶剤で希釈した色をエアブラシで薄く数回に分けて吹いていく。ここでも上面や各部の上部は明るく、下部は暗くして明暗を付けた。

車体下部と足周りには塗布しない。

もう一つの迷彩色のダークグリーンを塗るため再びマスキングする。塗料はXF-27ブラックグリーンをベースに少量のXF-49カーキドラブを混ぜて使用。塗料は溶剤で充分に希釈したものを用い、エアブラシで薄く吹いた。

ダークグリーンの迷彩色を塗布した箇所。

ダークグリーンの迷彩色も砲塔と車体上部のみで、車体下部と足周りには未塗布。

〔工程4〕車体下部に泥色を塗装

車体下部の影付けとともに車体下部と足周りのウェザリングの下地色を兼ね、タミヤアクリルのXF-72茶色（陸上自衛隊）を塗布。ここも塗料は溶剤で充分に希釈し、エアブラシを使い、薄く数回に分けて吹いた。

車体前部と車体上部の下側もXF-72茶色（陸上自衛隊）を薄く塗布する。

〔工程5〕ハイライトをリタッチする

ファレホのアクリル塗料（ファレホは筆塗りに最適）をそれぞれの基本色・迷彩色より若干明るく調色し、細筆を使って、ディテール（リベット、ボルト、ヒンジ部分やライトガード、ペリスコープ、手摺り、取っ手、フック、小ハッチカバーなどの上面）にハイライトを入れていく。例えば、同じオリーブドラブでも場所によって明暗色調を変えているので、それに応じてハイライトの色調も変えること。
作業完了後にこの後のウェザリングからここまでの塗膜を保護するために希釈したタミヤアクリルのX-22クリヤーを全体に塗布した。

ピンポイントでハイライトを入れる箇所1
砲身やヒンジ、ボルト、さらにライトガードなどの上部。

ピンポイントでハイライトを入れる箇所2
手摺りや取っ手、フックなどの上部。

ピンポイントでハイライトを入れる箇所3
ペリスコープカバー、燃料注入口カバーなどの上面。

〔工程6〕チッピングを入れる

車体及び砲塔各部に塗料が剥がれ装甲板の金属が露出しているチッピングを描く。塗料は私のお気に入り、アモのチッピングカラー（品番A.MIG044）を使用。表現箇所に応じて細筆や平筆（ドライブラシの要領で使う）、小さなスポンジなどを使ってチッピングを描いていった。チッピングを施す場所は、ハッチやカバーなどの可動パーツ、乗員や整備員が触れたり、靴で踏んだりする箇所、擦れやすい各部のエッジなど。

はっきりとしたドットや複雑な形状のチッピングは、細筆で描く。

無数の点状の剥がれ跡は、小さなスポンジを使って表現。

エッジ部分などしっかりチッピング色を入れる場合は、平筆を使いドライブラシで。

〔工程7〕各ディテールを塗装

ライトや車載工具、グローサー、履帯のゴムパッド、転輪のゴムなどのディテールを塗る。履帯と接触する起動輪スプロケット、転輪と誘導輪のリムは、メタルカラーやシルバーで、金属が擦れた跡を表現。さらに履帯エンドコネクターの錆色も塗装した。ライトの塗装にはアモのクリスタルガラス（品番A.MIG094）を使用。重ね塗りで、クリアーパーツのような驚くほどのガラス感を再現できる。

〔工程8〕ウォッシングを行なう

アモのエナメル系ウォッシング液のUS現用車両（品番A.MIG1007）を使って、パネルラインや凹部、突起物、ディテール周囲をウォッシングする。全体的なウェザリング効果とともにスミ入れ（ピンウォッシング）効果により、ディテールにメリハリが付き、よりリアルさが増してくる。作例では、ウォッシング専用の塗料を用いたが、もちろん油彩（ローアンバー、ブラック、ネイプルスイエローなどの混色）をホワイトスピリットで希釈したものを使うやり方でも構わない。
ここで注意すべきことは、このウォッシングにより模型はやや暗くなるので、それを見越して前工程の基本塗装は、完成予想した色味よりも明るめにしておくこと。

〔工程9〕アクセサリー類を装着

個別に塗装したキャンバスシート（エポキシパテで自作）とM2重機関銃を砲塔上面に取り付けた。M2重機関銃は、銃身、機関部、グリップなど構成部分ごとに若干色を変えて塗装。最後にフラットブラックでウォッシングすれば、ディテールの強調とともに色調の違いが上手い具合に統一される。作例では、M2重機関銃の塗装にはスケール75のメタリック系塗料を使ったが、タミヤアクリルやGSIクレオスMr.カラーなどで構わない。

〔工程10〕油彩でフィルタリングを行なう

車体表面の退色表現は、お馴染みの油彩を使ったフィルタリングがベストな方法。模型表面にセピア、ネイプルスイエロー、ローアンバー、スカイブルー、ホワイト、ライトグリーン、オレンジなどの油彩各色を点付けする。数分たってから油彩用のシンナーを含ませた柔らかな筆で点付けした油彩を伸ばしていく。明るくしたい部分と暗くしたい部分とでは、点付けする油彩の色を変えて行なう。

場所によって、使用する油彩の色を変える。

〔工程11〕車体上部に土、砂汚れを施す

車体上部や砲塔に付着した土や砂の汚れをピグメントを使って表現する。アモのライトダスト（品番A.MIG3002）とロシアンアース（品番A.MIG3014）を適度に混ぜ、砲塔と車体の土や砂が堆積する箇所（上面の凹みや角、隅、奥まったところ、突起物の周囲など）に載せていく。"晩秋"なので、汚れは強めに。土や砂は、すべて同じ色ではなく、ピグメントを混ぜる割合を変え、色調（質感）に変化を付けた。

タミヤのアクリル溶剤X-20Aを浸したを筆をピグメントの上に置き、溶剤を垂らしてピグメントに染み込ませ、固着させていく。

余分なピグメントは乾いてから、綿棒を使って取り除く。これらの汚しは、一度に行なわず、満足できる状態になるまで、ピグメントの塗布→溶剤で固着→余分なピグメントを取り除く、という作業を繰り返し行ない仕上げていく。

〔工程12〕錆汚れを表現する

最前線の厳しい環境下、あまり整備されていない車両らしさを出すには、錆表現用のウォッシング液を使うのが容易。作例では、アモのエナメル系、ライトラストウォッシュ（品番A.MIG1004）を使って、車体各部の錆汚れを表現した。錆が溜まりそうな箇所を考えながら付けていく。あまり付け過ぎると、逆に実感を損ねるので要注意。また、この作業では、必ずきれいな筆を使用すること。

ウォッシングだけでは不十分なので、アクリル塗料を使って、さらに細かく錆を付けていく。ここでは、アモのライトラスト、ダークラスト、シャドーラストを使用。これらを適度に混ぜ、細筆や小さなスポンジを使って、錆を入れた。すべて同じ色を使うのではなく、色調を変える（古い錆、新しい錆を表現）。

〔工程13〕筋状の汚れを施す

土や泥が流れ落ちた跡、雨垂れや錆垂れの跡など、車体と砲塔の側面（傾斜面）に付いた筋状の汚れを表現する。バフ、アース、ブラウン、レッドブラウン、ブラックなどのアクリル塗料を混ぜ、さらにシンナーで充分に希釈し、細筆に付けて描いていく。土や錆、雨垂れなど場所に応じてバフ〜ダークブラウンまで調色した各々の色を使う。

錆垂れの跡は、ダークブラウンを使って工程12で描いた錆汚れから流れ落ちた感じで表現。

土や泥が流れ落ちた跡は、バフやアース系の色で描く。

〔工程14〕車体下部の泥汚れを表現する

車体下部及び足周りに付着した泥汚れは、車体上部の汚しと同じピグメント、アモのライトダストとロシアンアースを使ったが、色調は暗めにしている。色調を変えた3種類のピグメントを用意し、太筆（使い古したもの）や指を使って、車体下部とサスペンション、転輪に付着させ、タミヤのアクリル溶剤X-20Aで固着させた。

車体上部下部にも泥汚れを付ける。ピグメントが乾いた後、その上に筋状の汚れを再び工程13と同じようにアクリル塗料でリタッチしていく。
さらに"スプラッシュ・テクニック"で泥跳ねも表現。エナメル塗料で調色した泥色を充分に希釈し、それを平筆の筆先に付ける。筆先を弾いて泥色を飛ばし、車体に泥跳ねを付けていく。少しずつ付けていくのがコツ。

〔工程15〕仕上げる

油彩やエナメル塗料を使って、燃料やオイル、グリースがこぼれた跡や染みになった跡などを追加。個別に塗装したフィギュアを載せて完成させた。

M36の塗装 & ウェザリング・ポイント

錆は場所によって色調を変え、古い錆と新しい錆を表現。

厳しい環境の最前線車両らしく、土や泥が流れ落ちた跡や雨垂れ、錆垂れ跡を強めに表現。泥落ちは泥が溜まった箇所から、雨垂れ跡は突起部の付け根などから流れ落ちているように描く。

車外装備品もしっかりとウェザリングを施す。例えば、雪上滑り止めグローサーは錆びた状態に。

ウェザリング（特にウォッシング）を施すと、最初の基本色塗装時よりもかなり暗くなる。基本塗装を行なう際は、それを見越して明るめにしておくこと。

泥色を付けた筆先を弾く"スプラッシュ・テクニック"により泥跳ねを表現。

アメリカ戦車では、砲塔上の大きな重機関銃は完成後の良いアクセントとなるので、機関銃も車体と同様に塗装に拘りたい箇所。銃身、機関部など構成パーツごとに微妙に色調を変え、さらに金属の質感を出す。

注入口カバーの周辺は燃料やオイルの染みやこぼれた跡を表現。ツヤの有無で時間がたって乾いた跡、あるいは真新しい汚れかを表現できる。

"秋"は天候の変化が大きい季節。車体下部と足周りの汚し方ひとつで、季節感を表現できる。作例は晩秋の朝鮮半島ということで、汚しは強めに施してみた。

オイルやグリースの汚れは、色調を濃くしたり、ツヤを与えることで、他の汚れ（泥や錆）とは異なる質感を表現できる。さらにピグメントなどを混ぜれば、汚れに土や泥が付着している状態も表現可能。

車載工具の塗装＆ウェザリングもていねいに。金属部分は金属らしく、木部は木製らしく見せる。

アメリカ軍車両としては珍しいオリーブドラブ／ミディアムグリーン／ダークグリーンの3色迷彩としている。

"晩秋"の朝鮮戦争ということで、泥汚れは強めに。さらに最前線でほとんど整備されていない車両っぽさを出すため、雨垂れの跡に錆汚れ、ウェザリングも強くした。

車体下部や足周りの泥汚れを強くする場合は、車体上部に溜まった泥汚れも多めに。乗員の靴に付着した泥が車体上部に付くからだ。

朝鮮半島の"晩秋"は、かなり寒い。ハードなウェザリングのみならず、砲塔のキャンバスカバー、乗員の服装で、季節感を演出した。

WINTER
冬〔製作1〕

【使用キット】
■ドラゴン(ブラックラベル)1/35 アメリカ軍M103A1重戦車(品番BL3548)
■Dragon Black Label 1/35 M103A1 Heavy Tank

冷戦時代 アメリカ軍最後の重戦車M103

"冬"といえば、まず、白色塗料を上塗りした冬季迷彩が頭に浮かぶ。そして四季の中でもっとも過酷な季節ゆえ、模型のウェザリングもかなりハード。車体は、雨や雪に晒されて汚れ、車体下部や足周りには泥がこびり付く。湿った感じで、色調は暗めとなる。まずは、近年流行の"ヘアスプレー・テクニック"を使い、"冬"の車両を製作する。

冷戦とM103重戦車

　第二次大戦では、打倒枢軸軍という名目の下、共に戦ったアメリカ、イギリス、ソ連、フランスでしたが、第二次大戦の終結後、ヨーロッパはアメリカ、イギリス、フランスを中心とする西側諸国とソ連及び東ヨーロッパの東側諸国が対峙するようになります。いわゆる"コールドウォー=冷戦"です。

　大戦が終結したにもかかわらず、主要各国の兵器開発が衰えることはありませんでした。西側諸国にとってもっとも脅威となったのは、ソ連軍の核、そして陸戦兵器です。ソ連は、第二次大戦末期にJS-3重戦車を開発。戦後、それを目の当たりにしたアメリカ軍はそれに対抗できる重戦車の開発を進めます。そして完成したのが120mm戦車砲を搭載したT43E1重戦車でした。T43E1は、1953〜1954年に300両が生産され、1956年にはそれらT43E1を改修した車両がM103重戦車としてアメリカ陸軍に制式採用されました。翌1957年には改修が加えられM103A1となり、当初はアメリカ海兵隊のみが採用しましたが、1959年からはアメリカ陸軍でも運用されるようになります。さらにエンジン換装と近代化改修を施したM103A2が登場、1962〜1968年までに既存車からの改造と追加生産により208両造られました。

　M103重戦車は、実戦で使用されることなく1974年に退役しています。M103重戦車は、冷戦時代のアメリカ軍戦車の過渡的な存在と言えるかもしれません。

ドラゴン1/35キットの製作

　ドラゴンのブラックラベル1/35は、初のM103A1のキットですが、残念ながら内容的には不満な部分が多々あります。見た目はM103なのですが、実車写真と見比べると、いくつか問題点があることが分かります。

　仮にOOTB(キットの箱の中のパーツのみで組み立てる)モデラーで、実車写真なども参考にせず、組み立てる方でさえも気づく問題点があります。例えば、砲塔を回すと、車体後部の機関室前部中央にある排気管デフレクターに干渉することです。もっとも大きな問題は、車体の前部形状、機関室の長さ、転輪の設置位置、砲塔の形状が正しくないことです。また、溶接跡も一部間違っています。砲身は小さく、標準装備の防盾カバーも入っていません。

　そういった箇所を修正することは可能なのですが、簡単な作業ではありません。そのままでもM103に見えるので、作例では組み立てを楽しむことにしました。もちろん、実車写真などを参考に若干ディテールに手を加えています。防盾カバーは、木工ボンドを染み込ませたティッシュペーパーで作製。ベルト式のDS履帯は使用せず、フリウルの金属製連結式履帯『M48/

M60/M88用T97/E2履帯』(品番ATL142)に交換。50口径M2重機関銃はアベールのエッチングセット『U.S .50 cal. Browning M2 HB Machine Gun Barrel』(品番35L-80)でディテールアップしています。また、砲塔には、部隊運用車両らしさを出すためにレジェンドの『M60A1積み荷セット』(品番LF1169)と『M48A3ベトナム戦争積み荷セット』(品番LF1269)の弾薬箱やバッグ類、シート類などのレジンパーツ、さらにタミヤのエポキシパテで自作したキャンバスシートなどの積み荷を追加しました。

塗装は"冬"の定番、白の冬季迷彩

ここでも"B&W"を用いたプレシェーディングを行なっています。カラーモジュレーションやゼニタル・エフェクトより簡単な手法で、それらに似た効果を得ることができます。

"冬"塗装と言えば、やはり真っ先に白色塗料を用いた冬季迷彩が思い付きます。白色冬季迷彩では、よく"ヘアスプレー・テクニック"やシンナーでの白色塗料拭き取り方法が用いられます。多くのモデラーは、定石どおり、模型全体に基本色を塗り、影付けやハイライトを施し、ヘアスプレー(あるいは塗料剥がれ表現液)を塗布。そしてその上にエアブラシで白色塗料を上塗りし、白色を落としたり、剥がしたりしていくものと思います。

そうしたやり方で充分なのですが、違った方法によってそれ以上の結果を得ることができるかもしれません。作例は、通常とは異なる塗装方法で白色冬季迷彩を再現してみました。

M103A1の白色冬季迷彩の塗装工程

〔工程1〕塗装前にサーフェイサーを塗布する

作例のM103A1は、プラパーツの他に金属製銃身やエッチングパーツ、レジンパーツを使用しているので、プライマーとサーフェイサーを塗布しておく。まず、金属及びエッチングパーツにGSIクレオスのMr.プライマーを塗り、それが乾いた後、全体に溶剤で希釈したタミヤのファインサーフェイサーをエアブラシで吹いた。模型表面の仕上がり(傷や隙間の有無など)を確認し、さらに目の細かいペーパーをかけてサーフェイサー表面をきれいに均しておく。

〔工程2〕泥汚れを施す1

"冬"のウェザリングでは、泥汚れは必須。塗装前に車体下部と転輪に付着した泥汚れの下地を作っておく。ここでは、タミヤの情景テクスチャーペイントの〔粉雪 ホワイト〕と〔路面 ライトグレイ〕を混ぜて泥を作っているが、この後にプレシェーディングを行なうので、泥の色は何色でも構わない。泥を筆に取り、車体下部と転輪にかなり多めに付着させた。

〔工程3〕プレシェーディングを行なう

"B&W"を使って、プレシェーディングを行なう。アクリル塗料のフラットブラックとフラットホワイトなどを調色し、明暗色調を数段階変えたライトグレー～ダークグレーを用意する。まず最初にもっとも暗いダークグレー(黒に近い)を使って、各パネルや凹み、ディテールなどの周囲、奥まった部分、車体下部など影になる箇所、さらに後に基本色オリーブドラブにする箇所に塗布する。

後に車体の基本色オリーブドラブとなる箇所にも塗布しておく。

プレウェザリングとして筋状の跡も入れておく。特に砲身は完成後に目立つ部分。しっかりウェザリング効果を出しておきたい箇所のひとつだ。

各パネルや凹み、ディテールなどの周囲、奥まった部分、車体下部、転輪などに黒に近いもっとも暗いダークグレーを吹く。

さらに前工程のダークグレーとサーフェイサーの間に自然にグラデーションが付くようにライトグレーを吹く。最後に明るくしたい各部の上面、突起物や砲身の上部にフラットホワイトを塗布した。このフラットホワイトはあくまでもハイライトのためのものであり、白色迷彩用ではない。どの色もシンナーで充分に希釈したものを用い、薄く数回に分けて吹いていくこと。

各部の上面や砲身の上部など、もっとも明るくなる部分にフラットホワイトでハイライトを入れる。

下部や影になる箇所と基本色オリーブドラブの箇所には吹かないように。

〔工程4〕泥汚れを施す2

車体下部の泥汚れを再現する。工程2で付けた泥付近やフェンダー側面に溶剤で充分に希釈したタミヤアクリルのXF-72茶色（陸上自衛隊）をエアブラシで吹いていく。

〔工程5〕基本色オリーブドラブを塗装する

基本色オリーブドラブはタミヤアクリルのXF-62オリーブドラブをベースとし、明暗色調を変えた色を使用した。プレシェーディングに合わせ明るくした箇所には明るく調色したオリーブドラブを、暗い箇所には暗く調色したオリーブドラブを吹く。フラットホワイトを上塗りせず、オリーブドラブを見せる箇所だけではなく、後の工程のチッピングで同色を露出させたい箇所にも塗布しておく。オリーブドラブを塗布した後、ここまでの塗膜を保護するためにエアブラシを使ってシンナーで希釈したタミヤアクリルのX-22クリヤーを全体に吹いた。

チッピングによってオリーブドラブをところどころ露出させる箇所。

フラットホワイトを上に吹かず下地の基本色オリーブドラブを見せる箇所。

〔工程6〕ヘアスプレー・テクニックを用いる

白色塗料の色落ち表現にはお馴染みの"ヘアスプレー・テクニック"を使用。工程5で最後に塗布したクリヤーを充分に乾かした後（約1日）、まず車体上部と砲塔にアモのチッピング・フルーイド（塗料剥がれ表現液）を塗布する。少し時間を置いてから白色迷彩を施す箇所にアクリル塗料のフラットホワイトとほんの少しだけ明度を落とした白に近いライトグレーを使って、白色迷彩を入れていく。ここでも塗料は、充分に希釈したものを使用し、プレシェーディングを活かすために薄く吹いていく。

フラットホワイトは充分に希釈し、エアブラシで薄く塗布。プレシェーディングが活かされ、白色迷彩部分にも明暗が付く。

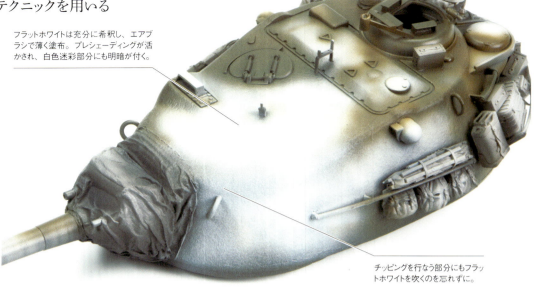

チッピングを行なう部分にもフラットホワイトを吹くのを忘れずに。

〔工程7〕白色を剥がしていく

上塗りした白色塗料を15分ほど乾かした後、同色を慎重に剥がしていく。複雑で細かなチッピングには、毛先がかなり固い太筆やピンセットの先端、爪楊枝などを使って行なう。白色の下の塗膜を傷付けたり、剥がしたりしないようにくれぐれも慎重に。

割と大きく色を落としたい場合は、溶剤を浸した筆（古くなった太筆の使用をおすすめ）や綿棒などを使う。

凹凸が多く複雑な機関室上面は溶剤を浸した平筆が作業しやすい。筆を使用する場合は、溶剤（シンナー）の浸け過ぎに注意しよう。

白色塗料のチッピング（色落ち）作業が完了した状態。場所によってチッピング表現を変えている。白色の冬季迷彩は、全面白一色よりもこのようにところどころ色落ちしているほうが模型映えする（リアルに見える）。

ハッチの縁や周囲は、乗員の乗降などにより色落ちが激しい場所。

雑具箱も頻繁に開け閉めしたり、乗員が踏む場所なので、チッピングを強めに入れる。

車体前部やフロントフェンダーは、かなり色落ちしている感じに。

〔工程8〕ウォッシングを行なう

再度、塗膜を保護するために全体につや消しクリアーを塗布する。乾いた後、油彩あるいはエナメル塗料で調色したダークブラウン（作例は、アモのウォッシング液）を使用して、ウォッシングを行なう。決してブラックは使わないこと。充分に希釈したダークブラウンを細筆に浸し、ディテールや突起物、リベットの周囲や付け根、パネルラインや凹部、エンジングリルなどをウォッシング。このウォッシングは、スミ入れ（ピンウォッシング）ばかりではなく、塗料を拭き取る際にウェザリングとして車体の汚れも表現するために行なう。ウォッシングは場所によって、色調や濃淡を変えること。

109

〔工程9〕ディテールを塗り分ける

車載工具や排気管、防盾カバー、砲塔の積み荷、転輪ゴムなどディテールを細かく塗装する。これらも影やハイライトを付け、ウォッシングやウェザリングを行なうこと。さらに布類はツヤ消しに仕上げる。こうした車外装備品類は、個別に塗装してから車体に接着したほうが塗装しやすいことは言うまでもないが、作例のようにすべて車体に接着した後で塗り分ける場合、各パーツのフィッティングがきっちりでき（隙間が生じたり、不自然な設置にならない）、接着剤で車体を汚す心配もなく、また車体と色味（明暗や退色）やツヤを統一することができるというメリットがある。

〔工程10〕チッピングを行なう

アクリル塗料を使って、目立つ箇所を中心に塗料の剥がれた跡や擦り傷など細かなチッピングを追加していく。白色塗装の部分は、工程5で使用した基本色XF-62オリーブドラブをベースとした色を、基本色が剥がれ金属地が露出した深い傷は、アモのチッピングカラー（品番A.MIG044）を使用。チッピングは、色を付けた細筆や小さなスポンジで行なった。

〔工程11〕車体に付着した泥汚れを表現

車体下部、転輪、履帯、車体前部や後部の下部、車体前部フェンダー内側などの奥まった箇所に油彩のブラックとローアンバーを混ぜ、希釈したものでウォッシングし、車体に付着した泥汚れを表現する。不要な箇所に泥色が付き、その部分のディテール（例えばリベットや小フック、固定クランプなど）が分かりづらくなった場合は、フラットホワイトを浸けた細筆でそれらディテール部分をリタッチする。

リベット表面やフェンダーステー上面、ディテールのエッジ部分などに細筆を使って、フラットホワイトでハイライトを入れる（ディテールにメリハリを付ける）。

〔工程12〕燃料、オイル、グリースなどの汚れを表現

車体に付着した燃料やオイル、グリースのこぼれた跡や染み跡を表現する。作例では、アモのフューエルステイン（＝燃料の汚れ、品番A.MIG1409）とフレッシュ・エンジンオイル（品番A.MIG1408）を使用。希釈したそれら塗料を筆塗りで、何回か塗り重ねていくことにより、乾いた部分と湿った部分が表現でき、リアルな感じが出せる。また、アース系やダスト系のピグメントを混ぜると、オイルやグリースがこぼれたところに土や泥が付着した感じも表現できる。

燃料のこぼれ跡。ツヤを付けることで時間が経っていないことを表現。

時間が経って乾いた燃料の染み跡。オイル、グリースも同様。

こぼれた箇所にピグメントを混ぜ、土や泥が付着した感じも表現。

〔工程13〕付着した土の汚れを表現

アモ・エナメル塗料（もちろんタミヤなどのエナメル塗料でも構わない）のアースやダスト系色を使って、車体に積った土や泥の汚れを表現する。塗料は適度な色に調色（必ずツヤ消しに）し、シンナーで希釈。その塗料を筆に付け、車体及び砲塔の凹凸部分の周囲や隅など土や泥が溜まりそうな箇所に塗料を乗せていく。10〜15分くらい乾かせた後、余分な塗料はシンナーを浸した綿棒などで拭き取る。汚れに変化を付けたい場合は、最初に汚した部分にマットバーニッシュを塗布し、表面を保護した後、ブラウンなどを加え、色調を変えた塗料などで同様にウォッシングする。

〔工程14〕仕上げのウェザリング

砲塔や車体前部などに錆垂れや雨垂れの跡、土埃が流れ落ちた筋状の汚れを加える。油彩のローアンバーとブラックの混色を使用し、きれいな細筆を使って色付けしていく。こうした汚しには、前工程のウォッシングやダスティングで使用した色と同系色を用い、色みが不自然にならないように気を付けること。
さらに"冬"らしく車体上にディオラマ用素材などを使って、枯れ葉や小枝などを散らせた。こうしたゴミは、手が届かない奥のほう、凹部や隅、フェンダー上に溜まりがち。ゴミが溜まったところは、サンドやアース系のピグメントを混ぜたものを付着（作例は、アモの接着剤、サンド＆グラベル・グルーを使用）させた。

M103A1の冬季迷彩のポイント

上面の筋状の汚れ跡は、後ろから前方に。錆垂れや色が濃い垂れ跡は、錆や汚れが溜まる突起物から流れたように描く。

防盾カバー上は、土や砂埃が溜まりやすい箇所。ダスティングで再現しよう。

砲身基部は後座による擦れでチッピングを強めに入れる。

車体のところどころ（奥まった部分や凹部、各部の隅など）に落ち葉や小枝などのゴミを配することで"冬"らしさを表現。落ち葉やゴミが溜まる場所に注意。

車体前部と砲塔側面の雨垂れなどの筋状の汚れは、上から下へ。ここも錆垂れなど色が濃いものは、突起部やディテールの縁から流れ落ちたように描く。

白色塗料のチッピング（色落ち、塗料剥がれ）は、場所によって表現を変える。砲身上部や砲塔前部などは、時間の経過により自然に色落ちしたり、木の枝などに擦れて塗料が落ちた感じに。砲塔中央付近の上面、ハッチ、手摺り、工具箱上面などは乗員が触れたり、踏んだりするところなので、色落ちが激しくなる。

足周りや車体下部のウェザリングは暗めに。泥を多く付着させ、湿った感じに仕上げることで"冬"らしさを出す。

積み荷にも泥汚れや落ち葉を散らし、ゴミが溜まった感じに仕上げる。同じウェザリングで車体との統一感を持たせること。

独特な形状の車体前部は泥汚れが激しく付着する箇所の一つ。フロントフェンダーともども泥汚れを強調。さらに湿った質感を加えると"冬"らしくなる。

装填手ハッチやフェンダー上の工具箱の扉は頻繁に乗員が触れたり、開閉する箇所なので、チッピング（塗料剥がれ）は激しく、それらの上面には泥汚れやゴミは付着させていない。

113

M2重機関銃は、完成後に割と目立つ箇所。表面が擦れた（ポリッシュされた）感じを出し、金属の質感表現をしっかりと。

車長用ハッチもチッピングを強めにする。また、砲塔の凹みや隅には、ゴミ汚れを加える。

積み荷を載せることで、部隊運用中の車両らしさを表現できる。こうした積み荷も明暗色調付けやウェザリングをしっかりと施す。ツヤ（布部分はツヤ消し）と土、泥汚れの色調は、車体と合わせること。

フェンダー上と車体後部も汚れが激しい箇所。付着した泥汚れにボリュームを付け、さらに湿った感じに仕上げると"冬"らしくなる。

燃料やオイル、グリースの汚れも表現。乾いた部分と湿った部分、さらにそれらの汚れに土が付着した感じを出すと、リアルに見える。

WINTER
冬〔製作2〕　1944年2月
東部戦線のナースホルン

冬季迷彩の車両となると、やはり第二次大戦のドイツ軍AFVは外せない。前ページのM103A1重戦車では、"ヘアスプレー・テクニック"を使ったが、ここでは、同テクニックを使用せず、"B&W"によるプレシェーディングを上手く活かした、白色冬季迷彩の塗装方法を行なう。

【使用キット】
■タミヤ1/35 ドイツ対戦車自走砲ナースホルン（品番35335）
■Tamiya 1/35 NASHORN 8.8cm Pak43/1 auf Geshtzwagen III/IV Sd.Kfz.164

1944年冬、東部戦線のナースホルン

第二次大戦において冬季に行なわれた有名な戦闘は数多くありますが、1944年2月から東部戦線北部戦区で始まったナルヴァ戦も大規模かつ長期にわたった激戦としてよく知られています。戦略上の要衝ナルヴァ地峡を巡り、ドイツ軍ナルヴァ軍集団とソ連レニングラード方面軍との間で、1944年2月2日～8月10日まで激闘（2～7月までのナルヴァ橋頭堡の戦いと7～8月のタンネンベルク・ラインの戦い）が繰り広げられました。

そのような1944年2月、"冬"の東部戦線をイメージし、ナースホルン対戦車自走砲を製作しました。なぜ、ナースホルンなのか？ それは、私のお気に入り車両のひとつだからです。

1942年10月に試作車が完成し、"III/IV号車台8.8cm PaK43/1搭載自走砲 Sd.Kfz.164ホルニッセ"として制式採用され、1943年2月から量産が始まったナースホルンは、第二次大戦ドイツ戦車の中でも屈指の強力な車両です。火力ではティーガーI、パンターを凌ぎ、フェルディナント／エレファント、ヤークトパンター重駆逐戦車、そしてあのティーガーII重戦車と同等でした。寄せ集めの車体（III号とIV号の合成車体にかなり大きな71口径8.8cm PaK43/41を搭載）でありながら、2,000m以上もの長射程からソ連戦車を容易に（T-34でさえもアウトレンジから）撃破できるほど強力なパンチ力を持ち、その一方で軽装甲、オープントップ式戦闘室という防御面に難があるナースホルンは、まるで"フランケンシュタイン（の怪物）"のような車両です。

ナースホルンは当初、1943年12月に生産が終了する予定でしたが、圧倒的な火力を持つ対戦車車両に対する必要性は依然高く、その後も生産が続き、1945年3月までに494両が造られました。

タミヤ1/35キットの製作

タミヤは、お気に入りのAFV、ナースホルンを1/35スケールでリリースするという、私の夢を叶えてくれました。ディテールの再現性や精密度で言えば、ドラゴンとAFVクラブのキットの方が良いかもしれません。それらは、キットの箱のパーツのみで素晴らしいディテールが再現できます。しかし、タミヤのキットの素晴らしさは、精密だけではなく、パーツの精度の高さにもあります。各パーツのフィッティングは申し分なく、パテをあまり必要としません。純粋に模型の組み立てを楽しむことができるのです。

作例では、気になる箇所の突き出しピン跡をパテ埋めし、一体成型の砲身に見られる不要

なモールドをきれいにペーパーがけしました。車体前部上面の牽引ケーブル固定具はエッチンググランナーで作り替え、ポリ製ベルト式履帯は、フリウルの金属製連結式履帯『Pz.III/IV』（品番 ATL-04）に交換しています。

アクセサリー類は、リアル感を増すだけでなく、時には季節感を表現するのに有効です。作例では、戦闘室内部にジェリカン、手榴弾、ファーストエイド箱、帽子、双眼鏡などを置き、戦闘室側面に丸めたキャンバスシートや錆びた予備履帯、防御板代わりの木柵などをぶら下げてみました。小物類は、ヴァーリンデン、ロイヤルモデル、プラスモデルなどのレジン製パーツ、予備履帯はフリウルの金属パーツを使用。キャンバスシートはタミヤのエポキシパテで、木柵はバルサ材で自作しました。

"B&W" ＋白色冬季迷彩

いろいろな人体のパーツで造られた"フランケンシュタインの怪物"、それをイメージに私の"フランキー"ナースホルンも度重なる修理・整備により他車両のパーツを使用した、寄せ集め状態の車両（車体は3色迷彩の上に白色冬季塗装、PaK43と砲架部分は2色迷彩の他の車両からの流用。そのPaK43は真新しいグレーのプライマー塗装のままの砲身に換装されている……）としてみました。それでは、写真とともに塗装を解説していきましょう。

"B&W"を用いた白色冬季迷彩の塗装工程

〔工程1〕塗装前にサーフェイサーを塗布する

金属線やエッチングパーツにGSIクレオスのMr.メタルプライマーを塗った後、エアブラシを使って、模型全体に溶剤で希釈したタミヤのファインサーフェイサーを塗布。サーフェイサーが完全に乾いてから目の細かなペーパー（作例はサンドスポンジを使用）をかけて表面をきれいに磨いた。

〔工程2〕プレシェーディングを行なう

まず、タミヤアクリルのXF-1フラットブラックとXF-2フラットホワイトを調色し、ダークグレー～ライトグレーまで明暗色調を数段階変えた色を用意する。"B&W"で大事なことは、最初にもっとも暗い色＝黒に近いダークグレーから塗布すること。同色をシンナーで充分に希釈し、エアブラシを使って、各パネルラインや凹み、ディテールなどの周囲、奥まった部分、車体下部に塗布する。さらに砲身や車体前部上面の傾斜装甲、防盾、戦闘室にプレウェザリングとして筋状の汚れも描いておく。

前工程で塗布したダークグレーとサーフェイサーの間に自然なグラデーションが付くようにライトグレーを吹く。さらに各部の上面、防盾及び戦闘室上部、車体前端、エッジ部分や砲身の上部などにフラットホワイトを吹き、ハイライトを入れる。すべて塗料は、シンナーで充分に希釈したものを用い、薄く数回に分けて塗布する。

〔工程3〕基本色ドゥンケルゲルプを塗装する

冬季迷彩では、完成した際の塗装（白色の塗布状態は？どの部分に下地の基本色が見えているか？……など）を常に頭に中で描いておくことが重要。車体は、ところどころに下地の3色迷彩が見えている状態に。まず、基本色のドゥンケルゲルプから塗布する。タミヤアクリルのXF-60ダークイエローに少量のXF-3フラットイエローとXF-2フラットホワイトを混ぜた色を使用。同色を溶剤で希釈し、ドゥンケルゲルプにする箇所に吹く。ここでも薄く何度かに分けて塗布していくことで、プレシェーディングを活かすことができる。

〔工程4〕迷彩2色を塗装する

基本色ドゥンケルゲルプを塗布したら、次は迷彩色のオリーフグリュンとロートブラウンを塗る。オリーフグリュンはGSIクレオス水性ホビーカラーのH405オリーブグリーン、ロートブラウンはタミヤアクリルのXF-64レッドブラウンにXF-7フラットレッドとXF-3フラットイエローを混ぜた色を使った。両色とも充分に希釈したものをエアブラシで吹いている。

〔工程5〕泥汚れを施す

白色迷彩という明るい色調の車体上部とは対照的に車体下部は泥にまみれて暗くなる。この上下のコントラストをバランス良く、上手く見せるのが"冬"塗装（白色冬季迷彩）のポイントになる。
車体下部や足周りに付着した泥汚れは、情景用テクスチャーペイントのマッド・イン・ア・ポット（入手が容易なタミヤの情景テクスチャーペイントなどでも良い）に細かい砂粒やディオラマ用素材の葉、木片などを混ぜた"泥"を使って表現。使い古した太筆に"泥"を取り、車体下部に塗り付けた。"冬"の汚れらしくたっぷりと泥を付ける。

"冬"の泥汚れなので、たっぷりと"泥"を塗り付ける。

情景用テクスチャーペイントを使って"泥"を表現。

粒子の細かな砂とディオラマ用素材を混ぜたもの。これをさらに"泥"に混ぜる

〔工程6〕白色迷彩用のプレウェザリングを施す

ファレホのアクリル塗料、861グロスブラックと842グロスホワイトを使って、白色迷彩を施す部分にプレウェザリングを施す。塗料は充分に希釈したものを使用すること。乾いた後、この上に溶剤で充分に希釈したタミヤアクリルのXF-2フラットホワイトをエアブラシを使って塗布。このプレシェーディングが薄らと残るように、フラットホワイトを薄く吹いていく。

白色迷彩を施す部分にブラック+ホワイトでプレウェザリング。この後にフラットホワイトを吹いて白色迷彩を施す。

〔工程7〕チッピングを施す1

チッピングで、白色塗装が剥がれ落ちた跡を表現する。まず、基本色のドゥンケルゲルプから表現。細筆に工程3で使用したドゥンケルゲルプの色調に合わせ、ファレホのアクリル塗料を調色したものを使用。各部のエッジや乗員が触れたり踏んだりするハッチ周囲などに色を付けていく。

同様に工程4で使用した迷彩色ロートブラウンと色調を合わせたファレホのアクリル塗料でチッピング。色を入れる場所はドゥンケルゲルプと同じような箇所。

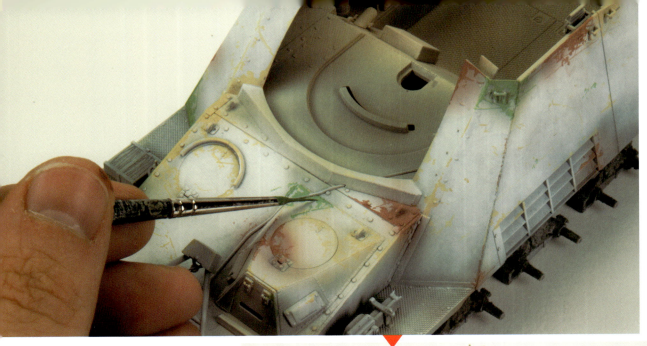

もうひとつの迷彩色オリーブグリュンのチッピングも細筆を使って入れていく。色を入れる場所は工程4で同色を塗布したところ。

デカール用の軟化・定着剤を使って、デカールを貼った。

車体と別に塗装した主砲部分。こちらは2色迷彩に。

〔工程8〕主砲部分を個別に塗装

主砲部分は、車体とは別に塗装した。車体は3色迷彩だが、主砲部分はドゥンケルゲルプとオリーブグリュンの2色迷彩、さらに砲身前部は換装されたという設定でダークグレー(下塗りの錆止めプライマー色)に。塗装方法は、車体と同様に"B&W"でプレシェーディングを施した後、基本色と迷彩色を塗布した。
また、戦闘室側面後部には、デカール用の軟化・定着剤を使って、デカールを貼った。

〔工程9〕車体をウォッシングする

ここまでの塗膜を保護するために全体につや消しクリアーを塗布する。乾いた後、油彩のローアンバーとブラックを使って、ウォッシングを行なう。ダークブラウンに調色した油彩を充分に希釈し、細筆でパネルラインや凹部、ディテールやリベット、突起部の周囲などをウォッシング。スミ入れ(ピンウォッシング)ばかりではなく、塗料を拭き取る際にウェザリングとして車体の汚れも表現。この作業によって白さが目立っていた車体色も全体的にトーンダウンし、AFVらしい色調になる。

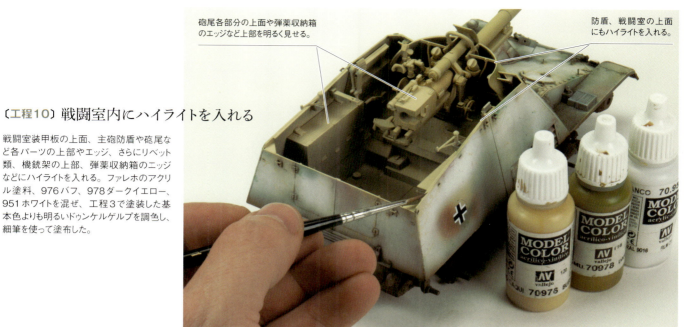

砲尾各部分の上面や弾薬収納箱のエッジなど上部を明るく見せる。

防盾、戦闘室の上面にもハイライトを入れる。

〔工程10〕戦闘室内にハイライトを入れる

戦闘室装甲板の上面、主砲防盾や砲尾など各パーツの上部やエッジ、さらにリベット類、機銃架の上部、弾薬収納箱のニッジなどにハイライトを入れる。ファレホのアクリル塗料、976バフ、978ダークイエロー、951ホワイトを混ぜ、工程3で塗装した基本色よりも明るいドゥンケルゲルプを調色し、細筆を使って塗布した。

戦闘室後面ハッチ下部も乗員が頻繁に乗降するので、チッピングを強くする箇所。

戦闘室など各部のエッジも木や障害物などに触れたりするので、塗料が剥がれている。

操縦手／無線手用ハッチ及びその周囲は、乗員が触れたり、靴で踏んだりする箇所なので、色落ちが激しい。

〔工程11〕チッピングを施す2

工程7では、上塗りした白色塗料が剥がれた表現を行なったが、ここでのチッピングは基本色ドゥンケルゲルプが剥がれ、錆びた金属地（装甲板）が露出している状態を表現するためのもの。この作業には、AKインタラクティブのAK711チッピングカラーが最適。太さが異なる筆（極細と細筆）や小さなスポンジを使ってチッピングを表現した。

乗員が触れたり、砲弾が接触する砲尾及び閉鎖機周辺もチッピングを多めに。

〔工程12〕戦闘室内をウォッシングする

戦闘室のディテール（照準器、砲隊鏡、シート、ペリスコープなど）を塗装した後、油彩のローアンバー＋ブラックの混色を使って、戦闘室内部及び主砲をウォッシングする。希釈した油彩のスミ入れにより戦闘室内部の複雑なディテールが強調され、さらに全体的な汚しも表現できる。

下部は暗色を多めに付ける。

上部には明るい色を多く。

〔工程13〕油彩でフィルタリングを行なう

まず、模型表面にセピア、ネイプルスイエロー、ローアンバー、スカイブルー、ホワイト、ライトグリーン、オキサイドブラウン、オレンジなどの油彩各色を点付けする。明るくしたい上方には明色を、暗くしたい下方には暗色を多めに付ける。数分たってから油彩用のシンナーを含ませた柔らかな筆で点付けした油彩を伸ばしていく。

油彩を使ったフィルタリングにより、退色した感じを出したり、色調に微妙な変化を付けることができる。

〔工程14〕ダスティングを施す

ファレホのアクリル塗料パンツァーエースの70316ダークマッドと70315ライトマッド、70950ブラックを調色した色で車体や戦闘室、防盾に筋状の汚れ跡（雨垂れや汚れが流れ落ちた跡）を付けていく。塗料はシンナーで充分に希釈したものを用い、細筆を使って描いた。一度に描くのではなく、数回にわたって筆を入れ描くと良い。

ディテールのパーツやリベットなど暗くなり過ぎた箇所は、フラットホワイトを筆塗り（極細の筆を使用）し、ハイライトを入れる。

錆垂れは、チッピングを入れたところから流れ落ちたように描くと良い。

戦闘室内部は、装甲板内側に筋状の汚れ跡を、床面にはバフ系色の泥汚れやラストカラー（錆色）で錆汚れ（戦闘室床面は、汚れがちで水気も溜まりがち）を表現する。ラストカラーは、床面のパネルラインや凹部、隅にピンウォッシングの要領で入れると良い。

タミヤアクリルのX-20A溶剤をたっぷり浸した筆を使って、ピグメントを固着させる。

〔工程15〕車体下部に泥汚れを施す

車体下部の泥汚れの表現には、ピグメントを使用。作例はアモのロシアンアース（品番A.MIG3014）、ヨーロピアンアース（品番A.MIG3004）、ライトダスト（品番A.MIG3002）を使った。適度に混ぜて泥を作り、それを使い古した太筆を使って車体下部に塗り付けた。ピグメントは、タミヤアクリルのX-20A溶剤をたっぷり浸した筆を使って固着させる。

泥汚れにはアモのピグメント、ロシアンアース、ヨーロピアンアース、ライトダストを使用。。

乾いたら、色調が違うピグメントを塗り重ね、同様に固着させる。"冬"の泥汚れらしくかなりたっぷりとボリュームを付けること。泥汚れは、単調ではなく明暗色調に変化を付ける。車体下部側面上方の泥は明るく（乾いた感じ）、下方とサスペンション付近の泥は暗く（湿った感じ）する。

上方の泥は、明るく乾いた泥に仕上げる。

サスペンションと車体底部付近の泥は、暗く湿った泥らしくする。

"冬"らしく泥はたっぷりと付ける。

転輪も車体と同様にピグメントで泥汚れを付けた後、サスペンションに接着。油彩のビチューム、ローアンバー、ブラックに微量のグロスバーニッシュを加え、充分に希釈したものを車体底部やサスペンション付近、転輪に塗り付け、泥に湿った感じの質感を加える。

転輪に付けた泥も部分的に湿った感じに。

〔工程16〕履帯及び予備履帯の塗装

履帯及び予備履帯は、フリウルの金属製なので、ベース塗装に金属用黒染め液『ブラッケン・イット(BLACKEN-IT)』(同製品ではなく、他社から発売されている同様のもので構わない)を使った。黒染め後、履帯はウォッシングとウェザリングを施し、接地面とセンターガイドにメタリックカラーを擦り付け、擦れた金属の質感を表現。予備履帯(と固定用のワイヤー)は、ファレホのアクリル塗料パンツァーエースの70301ラストと70965オレンジを混ぜて希釈した色を部分的に塗り、錆を表現した。

〔工程17〕小物を取り付けて仕上げる

戦闘室に取り付ける小物をアクリル塗料で塗装して接着。大事なことは、細かくウェザリング(車体と同じように)を行なうこと、さらにそれぞれの質感を上手く表現すること。

ナースホルンの冬季迷彩のポイント

主砲PaK43/41は2色迷彩、車体は3色迷彩と塗装を変えた。整備・修理の際に主砲を他車両のものに積み替えたことを演出。塗装ひとつで、完成した模型に物語を与えることができる。

雨垂れ跡は、パネル上端や突起部から(ここはハッチのヒンジから)流れ落ちたように描く。

"B&W"でプレシェーディングを施した後、白色迷彩を再現。下地色(基本色ドゥンケルゲルプと迷彩色オリーフグリュン、ロートブラウンの3色)は、M103A1重戦車の"ヘアスプレー・テクニック"ではなく、エアブラシと筆塗りで再現した。

フェンダーは、乗員が乗降する場所なので塗料剥がれが多い。また、泥汚れも激しい。

無線手用ハッチの上は、無線手の靴に付着した泥が溜まって汚れている。

ナースホルンのように戦闘室が広いと内部壁面がのっぺりとしがち。小物類は良いアクセントになる。

起動輪のスプロケット、履帯の接地部とセンターガイドにシルバーなどのメタルカラーを塗り、金属が擦れた(ポリッシュされた)感じを出す。

こうしたエッジ部分は、木々や障害物などに接触しやすい箇所なので、チッピングを表現する。

戦闘室床面の角や隅などは、泥や水気が溜まりやすい場所なので、泥や錆による汚れを施す。

操縦室の張り出し部分も操縦手が頻繁に出入りするので、泥汚れ、塗料剥がれ（チッピング）を多めに。

車体下部と履帯、転輪の泥汚れは激しく。部分的に湿った感じに仕上げると"冬"らしくなる。履板の接地部分はメタルカラーを塗布し、金属の質感を出す。

戦闘室装甲板に物をぶら下げることで、長期活動している戦闘車両らしさを出した。

木柵は、バルサで自作。

予備履帯や固定ワイヤーは、錆びた状態に。

戦闘室内部は、乗員が頻繁に活動している場所なので、チッピングと汚しは強めに。特に"冬"は、乗員の靴底に付着した泥による汚れや水気による錆汚れも多くなる。

戦闘室内に乗員用の小物を置き、実戦車両らしさを出す。オープントップ式の車両ならでは。

床面は、泥汚れ、錆び汚れなど激しくウェザリングする。

狭い戦闘室で、装填手が頻繁に触れたり、砲弾が接触する砲尾・閉鎖機もチッピングを激しく。

錆が垂れた跡は、チッピングから流れ落ちたように描く。

車体後面も足周りと同様にもっとも泥汚れが激しいところ。泥にボリュームを付け、"冬"らしく。

四季に対応したAFVモデルの塗装法

ホセ・ルイスの
ウェザリングテクニック

WEATHERING OF THE SEASONS

《模型製作・解説》
ホセ＝ルイス・ロペス＝ルイス

ホセ＝ルイス・ロペス＝ルイス
Jose Luis Lopez Ruiz

編集	望月隆一
	塩飽昌嗣
デザイン	今西スグル
	矢内大樹
	〔株式会社リパブリック〕

2018年3月15日　初版発行

発行人　松下大介
発行所　株式会社ホビージャパン

〒151-0053
東京都渋谷区代々木2-15-8
Tel.03-5304-7601（編集）
Tel.03-5304-9112（営業）
URL; http://hobbyjapan.co.jp
印刷所　株式会社 廣済堂

乱丁・落丁（本のページの順序の間違いや抜け落ち）は購入された店舗名を明記して当社パブリッシングサービス課までお送りください。送料は当社負担でお取り替えいたします。ただし、古書店で購入したものについてはお取り替えできません。

《著者紹介》

1971年、スペインのマドリード生まれ。
本業は土木技師。
　ホセ＝ルイス・ロペス＝ルイス氏は、幼少の頃から父親の影響を受け、プラモデルに興味を持つ。最初は、マッチボックス、エレール、フロッグ、モノグラム、エアフィックスなどの飛行機キットや『スター・ウォーズ』などのSFものばかり作っていたという。その頃は、年間に何十個もの模型を製作しては、それらで遊び、時には飼い犬に壊されることも……。
　AFV模型に興味を持つようになったのは、『バルジ大作戦』、『史上最大の作戦』、『遠すぎた橋』、『戦略大作戦』などの戦争映画を観てから。それからは、エッシー1/72やマッチボックス1/76などのキットを数多く作り、時たまタミヤやイタレリの1/35キットも作るようになった。
　本業や結婚、子供の養育などにより一時期、模型から離れていたが、10年前から本格的に趣味の模型を再開。その後、多くの有名模型誌に作品が掲載され、国際的に著名な模型製作者の1人となった。5年前に同氏が発表した、新しい塗装テクニック"B&W＝ブラック＆ホワイト"は、世界中のモデラーから注目され、現在では、広く用いられる塗装テクニックとなっている。
　ホセ＝ルイス・ロペス＝ルイス氏は、日々新しい模型製作テクニックを考案中。本誌の巻頭で紹介した"C&W"テクニックもそうしたひとつである。そして現在、SF模型を題材にした新しいプロジェクトを計画中とか……。

©2018 HOBBY JAPAN
本誌掲載の写真、図版、イラストレーションおよび記事等の無断転載を禁じます。
Printed in Japan
ISBN978-4-7986-1644-5 C0076

Publisher/Hobby Japan.
Yoyogi 2-15-8, Shibuya-ku,
Tokyo 151-0053 Japan
Phone +81-3-5304-7601　+81-3-5304-9112